国家社会科学基金教育学一般课题"中国共产党保障青藏少数民族受教育权百年发展研究"（BGA210054）、教育部课程思政示范课程《师范生教育实习（顶岗支教实习）》的阶段性成果

大国教育

为了高原的每个孩子

师范生顶岗支教实习录·第一卷

包万平◎主　编

陈思思　刘晓年◎副主编

光明日报出版社

图书在版编目（CIP）数据

为了高原的每个孩子：师范生顶岗支教实习录．第
一卷 / 包万平主编；陈思思，刘晓年副主编．－－北京：
光明日报出版社，2025.1. －－ISBN 978 - 7 - 5194 - 8484 - 2

Ⅰ．G652.44

中国国家版本馆 CIP 数据核字第 202514DP77 号

为了高原的每个孩子：师范生顶岗支教实习录．第一卷
WEILE GAOYUAN DE MEIGE HAIZI：SHIFANSHENG DINGGANG ZHIJIAO
SHIXILU. DIYIJUAN

主　　编：包万平	副 主 编：陈思思　刘晓年	
责任编辑：李　倩	责任校对：李壬杰　李学敏	
封面设计：中联华文	责任印制：曹　净	

出版发行：光明日报出版社

地　　址：北京市西城区永安路 106 号，100050

电　　话：010-63169890（咨询），010-63131930（邮购）

传　　真：010-63131930

网　　址：http://book.gmw.cn

E － mail：gmrbcbs@gmw.cn

法律顾问：北京市兰台律师事务所龚柳方律师

印　　刷：三河市华东印刷有限公司

装　　订：三河市华东印刷有限公司

本书如有破损、缺页、装订错误，请与本社联系调换，电话：010-63131930

开　　本：170mm×240mm		
字　　数：225 千字	印　　张：16	
版　　次：2025 年 1 月第 1 版	印　　次：2025 年 1 月第 1 次印刷	
书　　号：ISBN 978 - 7 - 5194 - 8484 - 2		
定　　价：95.00 元		

《为了高原的每个孩子——师范生顶岗支教实习录》
京师园系列丛书编委会

丛书总顾问：洪成文

丛书总主编：宋小平

本 册 主 编：包万平

本册副主编：陈思思　刘晓年

本 册 编 委（按姓名字母排序）：

才瑛卓玛	蔡芷茵	柴　鑫	程嘉怡	豆　晶
段　琴	付月明	甘玉冰	谷　帆	郭　茜
韩如梦	韩玉婷	胡晓霞	胡　璇	黄慧芳
季茂鑫	蒋文静	敬馨怡	李凯璐	李丽娟
李丽丽	李　婷	李雪凝	李　扬	马慧雯
彭凤顺	沙　鸥	石丽萍	孙雪竹	王翠青
王国荟	王　慧	王钰金	吴小琴	辛娜娜
邢赛仪	徐向怡	游浩淇	余航洋乐	庾美娟
张佳心	赵　梅	赵雅妮	赵　妍	朱　淇

序　言

　　教育乃立国之本，强国之基。教育兴则国家兴，教育强则国家强。建设教育强国是全面建成社会主义现代化强国的应有之义，是我国从人力资源大国迈向人力资源强国的关键。高质量教师队伍建设是实现教育强国目标的必要途径与核心保障。开展师范生顶岗支教实习是提升薄弱学校的办学水平和质量、提高师范人才培养水平、助力实现教师教育一体化发展的重要举措。

　　顶岗支教实习是指师范生到中小学顶替需要进修深造的教师岗位实习，而被顶替置换出来的教师到师范院校等进行教育培训的活动。教育部在总结一些师范院校开展顶岗支教实习经验的基础上，专门出台了《教育部关于大力推进师范生实习支教工作的意见》《教育部办公厅关于进一步做好"优师计划"师范生培养工作的通知》等文件强化师范生教育实践环节。目前，顶岗支教实习已成为全国师范院校推动教师教育改革，强化师范生实践教学，提高教师培养质量的重要内容。

　　师范院校组织高年级师范生到中小学进行顶岗支教实习，时间一般不少于一个学期。师范生顶岗支教实习的具体工作任务包括教育教学、班主任工作以及基础教育调研等，在此过程中实行"双导师制"，即师范院校和受援学校要安排经验丰富的老师对师范生进行全方面的教育教学指导，使得师范生能够得到最大水平的专业化成长。

　　近年来，青海省基于本地区基础教育的需要，颁布了《青海省教育厅 青海省财政厅关于进一步加强师范生顶岗支教实习工作的意见》和《青海省教育厅 青海省财政厅关于进一步做好师范生顶岗支教实习保障工作的通知》等政策文件为师范生顶岗支教的顺利实施提供了政策保障。

　　青海师范大学作为推进青藏地区教育高质量发展的龙头高校，立足于青藏地区基础教育发展实践，致力于培养一批"下得去、留得住、用得上、干得好"的"一专多能"的高素质师资队伍。自2009年秋季学期开始实施师范生顶岗支教实习，现已走过了15年的不断探索之路，在卓越师范生培养等方面形成了鲜明的特色。顶岗支教实习使师范生在教学一线得到了实践锻炼，解决了青藏高原薄弱学校师资匮乏等的困难，有效推动了青藏地区基础教育优质均衡发展，实现了政府、师范院校和基层学校等多方主体的"多赢"。

本书是国家社会科学基金教育学一般课题"中国共产党保障少数民族受教育权百年发展研究"（BGA210054）的阶段性成果，是教育部课程思政示范课程"师范生教育实习"（顶岗支教实习）的重要成果，也是青海师范大学卓越师范生培养的重要成果。主要内容从顶岗支教师范生第一视角出发，真实记录了师范生实习过程中的教学情景、生活情境等，不仅展现了师范生真实而丰富的生活画面和情感世界，也展现了青海师范大学师范生对高原教育事业的热爱与担当，书中也有很多有价值的教育理论探讨。

从内容上看，本书充分吸收了师范生人才培养理论与实践的最新成果，具有以下几个鲜明特征：第一，真实性。本书收集了近几年顶岗支教师范生的实习记录与报告，每一篇文章依据师范生自身的亲身经历撰写而成，具有极强的真实性。第二，可读性。本书记录的都是顶岗支教师范生在工作中的真实故事，语言通俗，对读者来说易于理解，使读者能够切身感受实习生活的酸甜苦辣。

《学记》有云："是故学然后知不足，教然后知困。知不足，然后能自反也；知困，然后能自强也。"① 本书将教育理论与工作实践充分结合，是师范生专业成长道路上的重要指导教材和陪伴书籍，对于培养有理想信念、有道德情操、有扎实学识、有仁爱之心的"四有"好老师具有十分重要的理论与实践意义。同时也能为以后参与顶岗支教实习的各位师范生提供些许教学实践方面的参考，为顶岗支教工作的顺利开展提供指引。

---

① 张应宗．学记注译评［M］．张守基，注译．西宁：青海人民出版社，1983：4.

目 录
CONTENTS

他们是春天里的影像诗

常玉娟

3月14日早晨6点，我们12个人乘着长途汽车开始从师范大学出发，因为路途十分遥远，我们没来得及参加学校为顶岗支教实习举办的出征仪式就踏上了去久治的路。坐在长途汽车里，外面天还没有亮，我在手机备忘录上写下这样一句话："我会变成一个更加勇敢更加坚强的人"。这句话对我而言既是对自己的鼓励，也是对自己的期望。面对即将到来的困难和挑战，我既渴望自己能够从中获得成长，又害怕自己没有足够的勇气独自在离家800千米的地方生活4个月，不管怎么样，我很欣慰自己能够迈出这一步。

下午6点我们到达了久治县城，随后我被分配到了门堂乡民族寄宿制小学。这所学校面积不大，但是建筑非常有民族特色，到处充满着生活气息。而让我的支教生活充满着温暖的是学校里的每一个老师对我无微不至的关心，一直到现在，我都很感激学校里的每一个老师，我最感激的是南校长。南校长来县城接我们回学校的时候已经是晚上9点多了，他还自费帮我们买了很多生活物资。

最让我感动的是南校长把学校最好的一间屋子整理出来给我们来支教的师范生当宿舍。由于门堂乡民族寄宿制小学地处偏远的高海拔地区，学校教师的住宿条件整体上不是很好，大多数宿舍没有暖气，需要烧煤供暖，并且如果这里下了大雪的话，学校会停电。当我们到达这所学校为这些发愁的时候，南校长看出了我们的心思，第二天就迅速帮我们收拾出来一间屋子当宿舍。这间屋子是木地板，并且屋子里边有暖气，最重要的是，即使学校停电，这间房子也一直都会供电。

在学校领导和教师的关怀下，我很快适应了这里的生活。在这里，我完成了很多个人生中的"第一次"：第一次体会到了水的珍贵，因为学校没有自来水管，生活用水都需要自己去外面的水管上接水，然后回来使用；第一次戴上橡胶手套手洗衣服，因为学校地处高海拔，外面接回来的水冰冷刺骨，必须戴橡胶手套，否则手冻得受不了；第一次学会了坚强，学会独自面对困难等。

他们是春天里的影像诗

这所学校不同于其他学校，它是全寄宿制学校，学生也比较少，全校总共有 300 多名学生，让我特别有新鲜感的是这里的学生都穿着藏袍，非常具有民族特色，也特别可爱。刚开始的时候，我带的是一年级（2）班的语文课，第一次拿着教材走在去教室的路上，我有点激动又有点紧张。可当我还没到教室的时候，一群穿着藏袍的学生就围了过来，他们用不太熟练的普通话问我是不是新来的老师，是不是要给他们上课。当他们得到肯定的回答之后，这群小孩一起欢呼了起来，我看着他们欢呼的样子，真像误入人间的精灵，单纯可爱。给一年级的学生上课并没有想象中的那么轻松，学生们虽然很听话，但是他们的脑袋里随时都会冒出很多奇怪的问题，而我也就成了为他们解答问题的那个人。

在课下，我和这群孩子是亲密无间的朋友，我更觉得他们把我当成了他们的姐姐，而我也不负他们的期望，随时变换着老师和姐姐这两个角色。其中让我印象特别深刻的是一个叫德拉的学生，他不会说普通话，因此在上语文课以及和我交流的时候比较困难。德拉在学习的各方面都比较吃力。例如，他不能像其他学生一样熟练地使用铅笔写字，他写出的字总是歪歪扭扭的，德拉的脸上从来没有过笑容。在私下了解了德拉的基本情况后，我开始重点关注德拉，我会主动请他在黑板上写字，会及时指出他的错误，在他有进步的时候，我也会当着全班同学的面夸他。慢慢地，我在德拉的脸上看到了越来越多的笑容，我为德拉的进步感到开心的同时，我也在思考，也许这就是当一个教师的价值吧。在久治的这 4 个月里，他们是治愈我的良药，是春天里的影像诗。

把我写进作文里的女孩

在这里我要写一个让我印象非常深刻的女生，她叫闹合德措，是我举办"红领巾讲解员大赛"时认识的女孩。认识这位学生完全是一种缘分，能过初赛并把她带到果洛藏族自治州参加总决赛并且获奖更是一个机缘巧合。

那时候我刚接手少先队，对学生的情况不是非常熟悉，正好县团委通知各校要举办"红领巾讲解员"大赛，并选出表现最好的一位少先队员参加县里的初赛。我是在操场上随机找到她的，当时我没有太熟悉的学生可以选，我也对通过初赛不抱太大希望，因此随机在操场上"抓"了一位学生，而这位学生就是她。她的普通话的标准水平超过了我的预料，我们很顺利地拍完了视频并且上交给了团委。我以为事情就这样过去了，可是没过几天我就接到了团委老师的电话，她通知我们初赛过了，让我们去州上参加比赛。我们两个当时的心情就跟中了彩票一样。

第二天我们坐团委老师的车到了州上，并参加了当晚的彩排。当我们看到其他县的学生的表现时，我俩就像被泼了一盆凉水一样，瞬间没了信心。但是我们想，既然来了就要发挥出最好的水平，我们回到酒店之后，连夜改稿子、选背景，一直忙到了半夜。到了第二天，比赛要正式开始了，我给她化了一个简单的妆，穿好藏服之后我们就出发去了歌剧院。候场的时候我非常紧张，一整场手脚冰凉，然而她却镇定自若，本来我才应该是那颗"定心丸"，但这时候全程是她在安慰我不要紧张。比赛顺利结束，我们也获得了州级的优秀奖，而我最佩服的是她的大心脏和临危不乱的心态。

事情远远没有结束，我在批改她的语文期中考试卷子的时候，居然在她的作文里看到了我自己，本以为参加比赛时的紧张不安被我掩饰得很好，没想到全部都被她收入眼底，并记录在了她的考试作文里。

3

愿春日不迟，相逢终有时

在这里我顺利度过了飘雪的初春，迎来了小草探头的 5 月。当我在早上望着万里无云的蓝天，听着耳畔传来的读书声和鸟鸣声时，我想，像诗一样的生活，大概也是如此了吧。4 个月的实习不仅让我体验到了不一样的生活，而且在指导老师的指点下，我慢慢在某些方面能独当一面了，我很感激这段经历，我想它也会在我的人生中留下浓墨重彩的一笔。

顶岗支教实习学校：久治县门堂乡民族寄宿制小学

阳光洒满前进之路

吴昊玮

趁着阳光正好，踏上了我们的征程，或许这途中有未知的温暖会永久留存在我们心中，比阳光更加温暖、舒心。

在一个阳光的午后，一群师范生怀着兴奋、不舍的心情踏上了前往囊谦支教的征途，我作为其中的一员，对这片即将度过一个学期的土地有着几分期待。经过一天一夜的奔波，终于在第二天下午到达了玉树藏族自治州囊谦县。囊谦的阳光好像知道我们的到来，这一天显得格外热情，甚至有些刺目、有些灼热。大巴车到达囊谦县城的时候，相信我们中的很多人都有了较大的情绪波动，整个县城的道路都已被"开肠破肚"，道路坑坑洼洼，到处尘土飞扬、机器轰鸣，这里给人的感觉就像是一个破旧的大型工地，好在地方领导与带队老师并没有给我们太多的时间去想那些有的没的，立刻要求全员下车，开始分配各自的支教学校。我原本是和师大美术学院的一个同学分配到阳光寄宿制学校，但是好像由于囊谦县第二完全小学更缺老师，所以临时调换了支教单位，我们俩就被安排到这所小学。每个人都清楚了自己支教的学校之后，便开始从车上往下卸行李。我刚刚手忙脚乱找到自己的行李，立刻就被一个老师拉上了车并赶往第二完全小学。这一连串动作太过密集，就像被水淹了一样，以至于没能缓过神来。在开往第二完全小学的大巴上有多个不同专业的同学，我们彼此了解了一下，正聊得投机，车辆好像有些不解风情，到达了目的地。我们匆匆忙忙下了车，此时校长和各位领导已将哈达献到了我们眼前，我们立刻感到了一丝亲切与温暖，这时囊谦的阳光似乎也不是那么刺目和灼热了。

一切都安顿好了，终于可以休息了。躺在床上，阳光偷偷地爬进窗户，轻抚着我的脸颊，很是温暖，仿佛母亲在安慰着受累的我一般。来到囊谦县第二完全小学支教的第一周，一个节日的到来，悄悄地慰藉了我们的心灵。教师节这个曾经永远只有我们祝福他人的节日，却在今年得到了改变，从祝福他人变成了得到他人的祝福。这一天，我们受到学校领导和老师的邀请，参加了学校举办的教师节晚会。晚会开始后，每个年级组的老师都准备了精彩的节目，有独唱、合唱、小品等，节目让观众目不暇接。终于，轮到顶岗支教实习生的节目出场了。我们出演的是一个群舞，在舞蹈音乐响起的那一刹那，全场都沸腾了，欢呼声、口哨声，仿佛在一个大型会演现场一样，老师们都放飞了自我，一个个没有了平日里的庄严肃穆，每个人都喜笑颜开。我们的舞蹈结束了，可是大家的心仿佛还在躁动，于是校长提议让我们领舞，大家一起再跳一遍，这一提议得到了在场所有教师的赞同，也让我们所有在场的顶岗支教实习生心里照进了一缕阳光，仿佛我们已成为这个学校的一员。

教师节和中秋节放假结束后，我正式开始了像阳光一样充满温暖的教师工作。学校给我安排的是三年级音乐教学工作，本来就特别热爱音乐的我内心充满了幸福，没错，就是幸福，第一次接触到教师工作并且是自己热爱的专业，内心甭提有多激动了。第一堂课走进教室，当我观察到一张张稚嫩的面孔带着微笑看向自己时，不知道为什么心里有些小小的紧张。当我说出"上课"两字的时候，内心的激动已经冒了出来，在听到全班学生向我鞠躬并齐声道"老师好"的时候，整个人像是被推上了天一样。这些天的一些不好情绪一下子就烟消云散，在他们的笑脸上真正看到了作为教师的阳光。之后的每天，我都认真地备课、上课，努力将最有趣、最有用的知识带到音乐课堂中，听着教室里传出来的动听歌声，那种为人师的自豪感和愉悦感油然而生。

后来，学校重新调整了我的教学科目，让我承担美术教学工作。这项工作让我既有些兴奋又有些遗憾，兴奋的是教学内容与自己的专业息息相关，遗憾的是要与自己最爱的音乐课告别了。但不管怎样，我都踏踏实实，上好每一堂课。于是，我开始负责一年级所有班级和四年级两个班的美术课，一周十节课。由于一年级的学生刚从幼儿园升上来，所以很多同学都不会讲普通话，在上课的时候交流有些困难。同时，囊谦藏语和安多藏语有所不同，所以学生说话，我也听不大懂。为了保证教学质量，能和学生进行有效交流，我每天都和当地的老师学一些囊谦藏语，后来上课可以和学生正常地沟通了。在课堂上，我主要教他们认识和使用各种美术工具，画一些儿童画。在经过十周课程后，孩子们画得越来越好了，我的教学技能也得到了很大提高，站在三尺讲台上，我逐渐收放自如。在这个过程中，我也找到了身为教师的那一份光荣，感受到的好像已经不只是温暖了，仿佛周围的孩子们都变成了耀眼的阳光，照耀着我的内心，此刻的我无上光荣。他们就像一张白纸，纯洁无瑕的心灵无时无刻不散发着纯净的光芒，净化着我的内心，感染着我的灵魂。

随着时间的推移，囊谦的阳光不再那么温暖，夜晚来临的时候颇有些寒意，身上的衣服也一件件变多了。但是在与这些充满着活力的孩子们相处时，我仍然像是被阳光沐浴了一般，整个人内心洋溢着的是欢喜、幸福。在支教的这片土地上，阳光总是无处不在，即使是阴雨连绵、大雪纷飞的日子，内心一样都充满着阳光，只要与他们一起，心里总是暖洋洋的。

顶岗支教实习学校：囊谦县第二完全小学

三尺讲台上的破茧成长

仁增罗布

"一支粉笔，两袖清风，三尺讲台"一直以来都是我内心最大的向往，顶岗支教实习终于让我有了一次人生角色转换的机会——从当学生变成了当老师。时间过得飞快，转眼间，一个学期快要接近尾声，我也深深地爱上了这些孩子。对我来说，顶岗支教实习生活就像是一杯清茶，虽然没有华丽的色泽和醇厚的味道，淡淡的清香却让人回味无穷。

我想顶岗支教实习如同一根火柴，尽管只在这片土地上亮了一下，又马上就熄灭了，但毕竟留下了光和热，这对我来说已经足够了。在顶岗支教实习之前，我不知道会面对怎样的工作和生活，但仍然欣喜而自信，因此格外珍惜这次来之不易的机会。来到囊谦县第二民族寄宿制藏文中学支教的几个月里，虽然时间不长，但对教师这个职业有了更深的理解，更让我懂得了作为一名教师的幸福，它来自天真的孩子们，也是来自平凡工作中的每一次感动。或许在整个支教过程之中我并没有留下些什么，但是我拥有了值得珍藏一生的记忆。人生没有对错，只有选择。我只想说，能够参加顶岗支教，是我一生中最平实而精彩的一笔！

蓦然回首，当坐上大巴车离开师范大学的那一刻起，我就知道自己将会经历一段特殊且不平凡的人生旅程，那旅程必定在我的生命中写下浓墨重彩的一笔，必定会在我的生命中留下绚烂多彩的回忆，必定会给我带来生命中无与伦比的财富。伴随着这样的期盼，也开启了我的支教时光。

到达囊谦县第二民族寄宿制藏文中学以后，学校给大家都分配了不同的教学工作。学校把七年级 9 个班的英语教学任务全部交给了我，荣幸的同时也倍感压力。因为我没上过讲台，并且学习的是物理，不论是从学科专业来说，还是从经验来说，对我都是一种巨大的挑战。不过我相信只要肯努力、肯下功夫，那么就一定能行。就这样我承担起了七年级 9 个班的英语教学工作。虽然这里的大部分学生在小学阶段没接触过英语，但是学生们都非常认真。在这个快速发展的时代，教师必须不断吸取新知识，才能做到与时俱进，所谓"要给学生一碗水，教师要有一桶水"。所以我一边听我的指导老师讲课，一边在网上看视频学习讲课的方法和技巧，同时还与我自己中小学时的英语老师探讨教学方法，由此在实际的英语教学工作也还算顺利。

通过实践性课堂教学，我也累积了不少有效教学经验，如教学要以"促进学生发展"为核心，教育评价在整个教学过程中是容易被忽视的环节，同时也是一个高难度的工作环节，于是在教育教学过程中，我更加注重对于学生的过程评价。此外，我每一次批改作业都会拿着学生的名单进行仔细记录，不仅要记录学生的学习欠缺之处，还要记录学生的优势与进步之处，如谁的作业工整、谁的错题比较多、同学们的优点以及存在的不足等，都要进行记录，这样好让学生清楚了解自身发展情况，不断催生学生的学习内驱力，从而更好地促进学生发展。我把这些记录装进一个又一个成长档案袋里，因为每一个学生都是独特的，每一个学生都处在发展之中，对此进行记录可以很好地评价学生的具体发展情况，以了解该如何改进教育教学工作，使整个课堂发挥出更大的教育价值。课下也会对他们进行单独辅导，以防止学习较好的同学"吃不饱"、学习较差的同学"跟不上"的情况。

在顶岗支教实习的这几个月里，我学到了很多东西，不管是教学能力还是管理能力，以及组织班级活动能力等都有很大进步，这些都会为我以后的教师生涯奠定基础。当然，我也深刻地意识到想要成为一名优秀的老师，光有丰富的专业知识远远不够，还要有好的教学方法和较高管理学生的本领，而这些从课本上无法学到，必须在实践中经过长期摸索、总结经验方可获得。在实际教学过程中，既要严厉，又要关心每一位同学的具体状况，我发现每到周一总有几个同学特别没精神，提醒过后还是迷迷糊糊，后来我才了解到，这几位同学离家都比较远，因我顶岗支教的学校是个寄宿制学校，每周五下午学生就放假回家，个别学生从学校到家要坐很久的车，星期天早起又要坐很久的车才能赶回学校，奔波劳累一天，第二天孩子们上课自然就没有精神。在与学校领导和家长沟通之后，我们几个顶岗支教实习生就和这些学生一起共度周末。这种做法，也得到了家长们的大力支持和认可，既给孩子们节省了时间，还免去了家长路途遥远地来回接送。同时也能给他们传授更多的知识，在教他们的过程中我也收获了很多快乐。他们的真诚、好学、单纯，无时无刻不激励着我努力、努力、再努力！看着孩子们求知、温暖的眼神，我觉得一切都值得。

顶岗支教实习就如同一个破茧的过程，我们都在被大大小小的事情磨炼，我们都在完成各自的每一件任务、每一次考验。但终有一天我们会感激现在所做的每一件事、面临的每一次困难，终将化蝶而飞。我很感谢师大给我们提供的这次支教机会，让我们提前体验了教师岗位的苦与乐。通过体验高原农牧区的生活，不仅培养了我们独立的生活能力，更是锻炼了我们坚强的意志和吃苦耐劳的精神。我坚信，这将是我人生的一笔巨大财富！

顶岗支教实习学校：囊谦县第二民族寄宿制藏文中学

我的玉树支教行

尕玛拉松

教育是一条很长很长的路，结束了师范教育校内培养阶段的我们意气风发地出发，不断去探索、不断去实践。这 4 个月内，遇到的这群天真、跃动、带着青春气息的灵魂，在安静与喧嚣中，留下了或深或浅的印痕。也正是这群洋溢着青春气息的灵魂使我第一次真实地感受到了"学高为师，身正为范"的分量。

时光飞逝，为期 4 个月的顶岗支教实习生活弹指一挥间已经画上句号。刚开始总觉得时间过得很慢，还盼望着支教实习快点结束，而当这一天真的到来的时候才发现，虽然是短短的几个月，可是自己早已在不知不觉中适应了这个环境，融入了这个集体，也早已把自己当成了这个集体里的一分子。在支教实习的这段时间，我深切地体会到了身为一名教师的酸甜苦辣，也体会到了当一名教师的不易与肩负的责任。

2010 年玉树大地震后，国务院侨务办公室捐赠修建了玉树市第三完全小学、玉树市第一幼儿园和玉树市结古镇侨爱文化活动中心。其中，海外侨胞及港澳同胞捐资 2396 万元人民币建设了玉树市第三完全小学，学校于 2010年 7 月动工，2012 年 3 月竣工，学校现有 42 个教学班，在校学生 2000 余名。我在第三完全小学实习期间，主要担任道德与法治课程的教学工作，以及社团活动的组织工作。

学会教学

在教学实践中，我深刻感受到了"纸上得来终觉浅，绝知此事要躬行"。教学技能必须得经过真枪实弹的锻炼才会提高得更快、更有效。同时，这也让我获得了许多对今后的教学工作具有重要意义的经验和教训。

首先，认真备课是关键。成功总属于有准备的人。备课既要备教材，也要备学生和教法。在认真钻研教材的同时，结合学生的认知水平将教学重点和难点用学生能读懂的语言简明扼要地呈现给学生，并合理地选择教法。在上课前教师还必须熟悉教案，反复试讲，理顺教学思路，从整体上把握教学设计的框架，以提高课堂驾驭能力。

其次，对学生课堂表现的肯定要讲究艺术。第一次上课后，指导教师给我的建议是："整个课堂把握得很不错，时间刚刚好。但存在一个小问题需要改正，对主动举手回答问题的学生要及时肯定鼓励，还要注意给平时比较内向的学生展现自我的机会。此外，对学生回答正确的肯定表达方式尽可能多样化。"我十分感激指导教师的细心指导，在以后的课堂中，我就不断改正这方面的不足，让课堂变得更加生动、更加丰富多彩。

最后，做好教学反思。通过对自己的教学观念、教学方法、教学过程、教学效果等方面进行反思，才能正确地认识和把握教学活动中的种种本质特征，成为一名清醒、理智的教学实践者。音乐课总被学生们认为是"副科"，学生在课堂中的积极性与参与度都不高。针对这种情况，我决定提高学生对音乐课程重要性的认识，从培养他们世界观、人生观、价值观的高度，转变教学策略，将游戏融入课堂教学，让学生在游戏中学有所得。我在教学的巩固练习环节开展游戏，游戏很简单，就是全班同学按一定的顺序，从一开始数数，碰到七或是七的倍数就要喊"母鸡"，若是输了，就要回答一个与本节课教学内容相关的问题，若是回答不上来就要做 3 个纵跳。慢慢地，我的课堂气氛开始变得活跃起来，学生的知识掌握情况也总是让我不断产生欣喜。

学会开展社团活动

在每周三的下午，学校都会组织学生开展社团活动。学校的社团活动有很多内容，既有传统意义上的校本课程，如格萨尔话剧等，又有新时代创新科学手段的运用，如机器人课堂等，用以培养学生的创新精神和动手实践能力。此外，学校还有书法、美术、英语口语等社团活动。

我负责组织和开展的是机器人课堂。在社团活动开展前，要做的基础工作是制作机器人社团活动宣传片，并通过信息技术课为主的宣传渠道，结合家长群、班级多媒体等途径播放机器人社团活动视频，让学生能直观感知和了解机器人，对机器人产生浓厚的兴趣。

在社团活动前期，我结合中低年级学生的年龄特征以及兴趣爱好，根据中低年级学生逻辑思维能力、智力以及动手能力水平的现状，设计了一些机器人社团活动内容，主要包括让学生认识机器人的基本构件、学习机器人拼接制作等。在认识机器人基本构件方面，采用课堂讲授的方式进行，为学生详细介绍各种机器人零件实物，让学生对机器人的基本构件有较为直观的认识。在机器人拼接制作方面，采用学生活动的方式进行，组织学生以个人或小组为单位进行学习和创作。

活动开展了一段时间后，学生们对机器人都很感兴趣，在活动中他们的积极性也很高，学生的学习成效也比较明显。第一，由于在活动中他们体会了开发与拼接制作的乐趣，所以对机器人开发利用的兴趣更浓了。俗语说"兴趣是最好的老师"，在教学中我切身体会到了这一点，每次活动他们按照图纸拼装出的成品都出乎我的意料，为整个社团活动增加了一抹亮色。第二，学生们已经形成了互助合作的良好品质。当他们有不会的地方需要帮助时，我会鼓励旁边的同学主动合作、互帮互助，这样学生们可以互相学习、互相促进，体会给别人当老师的快乐，形成良好的学习氛围。第三，在活动当中，学生从刚开始的不懂到慢慢摸索再到能够独立地运作，一步步实现成长与进步。通过机器人社团活动的开展，培养了学生的科技素养，提升了学生的智力水平，挖掘了学生的创新能力，对提升学生的综合素质有很大帮助。

　　我深知高原的孩子因为环境的封闭没有太多机会接触外界，性格也比较羞怯，不会主动表达，我特别理解他们、爱他们，所以当我来这所学校顶岗支教实习时，我努力营造友好和谐的教学环境，让孩子们敢于表达自己的想法，并通过开展机器人社团活动，开阔孩子们的眼界。当然，我还有很多做得不是很好的地方，还有很长的路要走，我一定会更加努力去提升自己的综合素质和教育教学水平，为成为一名优秀的教师而努力。

顶岗支教实习学校：玉树市第三完全小学

顶岗——找到教师的责任，
支教——寻回学生的初心

汤山入

随着期末考试的一步步逼近，在华罗庚实验学校（西宁分校）4个月的顶岗支教实习生活也慢慢结束了。回望这4个月，虽然短暂，但这宝贵的经历却深深印在我的脑海之中，最大的感悟就是：用爱心、细心、责任心去耕耘，收获的是学生们的爱和感恩。在华罗庚实验学校（西宁分校）顶岗支教实习的点点滴滴，都是我人生中值得回忆的宝贵财富。

教师角色蜕变

"台上一分钟，台下十年功""若要给学生一杯水，老师要有一桶水"。从这些俗语中可以看出，教师与学生的角色定位是不相同的，对还是大学生的我们来说，如何实现从学生向教师角色的转变，这无疑是我们走进顶岗支教实习学校开始教学工作的第一个难题。

针对这个问题，我采取的办法是不断学习。虽然我们在大学校园里已经接受过了专业知识的学习，但在实践中我发现，处在随时可能变化的课堂里，我们在大学里所学的知识还不足以应对这些问题。因此，我没有放弃这一次难得的向其他老师学习的机会。4个月以来，我积极服从学校的安排，担任了九年级物理课程的教学工作，虚心向老教师请教，积极参加教研活动，认真学习课程标准，领会新的教学理念。认真备课、上课、听课、评课，及时批改作业、讲评作业，做好课后辅导工作。并且，为提高自己的教学水平，我还经常在网上找一些优秀的物理教学活动视频，从中学习别人的长处，领悟其中的教学艺术。

我还虚心请教有经验的老师，在观摩了老教师的几堂课后，发现每个老教师都已经形成了一套自己的授课方法，比起自己讲课熟读教材教案的备课讲解，他们更明白一堂课的重心在哪些方面。有时候向他们请教如何让自己的思维构成树状网络而达到教学的最佳效果时，他们总是微笑着说："多做几套中考题，把握中考考点，每年对自己讲课的内容反复地进行思考，逐渐就能在自己的脑海中形成一套完整的教学框架，到时候不需要过多的教学设计也可以很自然地完成一节课的讲解。"

尊重理解学生

在顶岗支教实习过程中，我面对的是一群十几岁正处于青春期的孩子们，他们对一切事物都充满好奇心，并且也有着比儿童和成人更加敏感的内心世界。青春期的孩子，既像一轮冉冉升起的朝阳，充满无限的生命力；又像一艘航行在变幻莫测大海里的航船，随时都有遭到风暴袭击的危险。所以我们更要尊重他们、理解他们，这样才能真正走入他们的内心，了解他们内心世界的真实想法。

我总是用爱和包容去对待他们，照顾他们随时可能出现的小情绪和突然冒出来的奇思妙想，站在他们的角度来思考这些问题，帮他们细致地分析并给出中肯的回答。在与他们交往的过程中，我也深刻体悟到教师需要做的不仅仅是教书，更重要的是育人。播下爱的种子，收获的也会是充满爱的果实。

在日常工作中，同学们也同样积极帮助我，当看到我在校园里拎着东西时，他们会过来主动分担；当嗓子不舒服，上完课后递上来的一杯热茶……这些一点一滴的小感动在我的心里汇聚成了江河湖海，也第一次让我感受到了教师这个职业所带来的温暖和幸福。

做好"听""讲"工作

在繁重的教学工作之余，我还承担了一项十分重要的任务，那就是和"结对"的老教师开展"听"与"讲"的工作。

"听"，按照实习学校的要求，我把"结对"教师的课全部认真听了一遍，摸清了其课堂教学的基本情况，总结了课堂教学中老教师管理课堂秩序和处理学生学习问题的方法和经验。这是值得我学习的地方，对我之后教学工作的开展产生了很大帮助作用。

"讲"，我对"结对"老教师课堂上突出的优点以及我自己的疑惑，进行了认真分析、归类，并利用每周一次的教研活动时间，把自己的困惑与"结对"老教师等进行交流，老师们也特别细心，总是耐心地帮我解决一个又一个的问题。

九年级的物化生教研组每周都会针对本周的公开课进行一次集体评课。这对刚踏出校门的我来说，是一次难得的学习机会，也是一个快速融入集体的方法。观摩具有多年从教经验的老师们互相进行评课，这种感觉和我们模拟练习有很大不同。它不是纸上谈兵，物理教研组的评课更像是经过一场实战后的战后总结评估。

与大学时代的模拟授课的平静相比，中小学教研组的每一堂公开课都是极大的实践挑战。在大学的模拟授课中我们面对的是自己的大学同学，他们都已经有了一定知识储备，能不出错地回应所有的问题，整堂课的讲授用"完美"形容也不为过。但当真正踏上中小学的三尺讲台时，就会发现，现实中的学生可能答不到点子上，更有甚者会"捣乱"从而增加教师的授课难度，你永远无法知道在 45 分钟里，会出现多少教学设计之外的状况。作为教师，唯一能做的就是通过一次又一次的教研活动，不断向有经验的教师学习，不断总结，为自己上好每一堂课做好准备。

4 个月的顶岗支教生活已经结束，回顾这 4 个月的经历，我赢得了学生们的喜爱，受到了老教师的好评，得到了顶岗支教实习学校的肯定，这些对我来说，都是莫大的安慰和鼓励。而我自己也在顶岗支教实习的同时得到了升华。我敬佩实习学校老师忘我的奉献精神，认真负责的工作态度，他们才是我真正的学习榜样。

　　4个月的顶岗支教实习工作是短暂的、是忙碌的，也是充实的。尽管看起来显得有些平淡，但是我认为，它将是我人生道路上浓墨重彩的一笔。华罗庚实验学校（西宁分校）顶岗支教实习4个月，能成为一名教师，是我无悔的选择，顶岗支教实习生活所焕发的光芒将照亮我今后的人生道路，这也是我今后工作中的不竭动力。我也将牢记总书记的殷切希望，"珍惜时光，刻苦学习，砥砺品格，增长传道授业解惑本领，毕业后到祖国和人民最需要的地方去，努力成为党和人民满意的'四有'好老师，为培养德智体美劳全面发展的社会主义建设者和接班人贡献力量"①。

顶岗支教实习学校：西宁市华罗庚实验学校（西宁分校）

　　① 习近平回信勉励北京师范大学"优师计划"师范生：到祖国和人民需要的地方去 努力成为党和人民满意的"四有"好老师［N］.青海日报，2022-09-09（1）.

向梦想迈进

严丽君

为期一个学期的顶岗支教实习生活即将接近尾声，在这短短几个月的实习时间内，我的讲课能力、管理班级能力，还有面对学生突发事件的处理能力等，都得到了很大的提升。这是我大学四年中最宝贵的阶段之一，也是我大学四年中最难忘的经历之一。

刚刚踏入桥头第一小学，我就被这所学校的校容校貌震撼到。这所小学的校园非常美丽，里面种满了花卉和各种绿植，绿植给校园增添了别样的风采。这所学校是大通回族土族自治县的窗口学校，教学资源丰富，师资力量强大，学生的学习能力也强，在周边地区有比较好的声誉。学校有116位教师，每一位教师都尽职尽责地履行着教师神圣的职责，他们是我学习的榜样。学校里有六个年级，每个年级有7个班，每个班里面有50多名学生。

来到桥头第一小学的第一天，校长在简短的欢迎仪式后，向我们强调了学校的一些校纪校规，最后为我们每个实习教师安排了任务和工作，并给我们分配了实习指导教师。指导教师把我带到四年级组办公室的那一刻，我就被老师们的热情和笑容感染，坐在给我安排好的办公桌前，我暗自下定决心：要好好努力，做有理想信念、有道德情操、有扎实学识、有仁爱之心的"四有"好老师，成为学生锤炼品格的引路人、学生学习知识的引路人、学生创新思维的引路人，学生奉献祖国的引路人。

我实习的班级是四年级（5）班，班主任仲老师带着我到教室和孩子们见面，于是我怀着激动和好奇的心情来到了这个班。进到教室，孩子们的热情问候，让我一时有些不知所措，有些害羞，但是我也很快融入了这个班集体。我的任务是暂时代理他们的语文课。刚开始的几天，我主要的任务是听四年级其他老师的课，为自己上台讲课积累经验。四年级一共有 7 位语文老师，我听了 5 位老师的课，他们讲课各有特色，孩子们也很喜欢他们，每次听完课，都有很大的收获。比如，仲老师的语文课，他上起课来很有派头，讲课的思路很清晰，安排也很得当，更厉害的是他在时间的把握上恰到好处，内容刚刚讲完，就到了下课时间。还有在内容的安排上，什么题目自己分析，什么问题学生来回答，他都做了一定的安排。再比如，刘老师的语文课，我发现他能把一篇小小的故事讲得生动有趣，能够让孩子们用心投入课文。他讲课运用了多种方法。比如，先让个别学生讲述课文中的故事，再让其他学生把这个故事演绎出来。这样大家就加深了对课文的理解。我很佩服这些老师都能把课上得这么好，我也希望将来有一天能够达到这样的水平。

　　通过几天的听课，我的脑海里大概有了一个如何上好一堂语文课的流程，就这样开始了我的第一次上台讲课。结果我第一次上台讲课的效果有些不太理想，主要有以下两点原因：第一是没有维持好课堂纪律，导致学生非常吵闹，教学环节没有达到理想的效果；第二是没有做好充分准备，所以教学内容没有形成体系，学生对知识的消化非常有限。第一次上台讲课，给了我一种很不理想的体验，也因为这次"失败"让我明白，我还有很多地方需要改进，还有许多地方需要向别的老师学习。比如，如何维持课堂纪律，如何备好一堂课，如何抓住重点和难点，等等。

　　针对出现的问题，指导老师要求我继续多听课，多向经验丰富的老教师学习、请教。他们告诉我当面对调皮捣蛋的学生时，切记不要使用强制的方法。这种方法虽然可以勉强维持课堂秩序，但会加深老师与学生之间的隔阂，甚至使学生产生厌学心理。而是要想方设法创设民主和谐的教学环境，在教学活动中建立平等的师生关系，教师要把自己当成活动中的一员。于是我朝着这个方向去尝试，取得的教学效果很不错，有几个很调皮的学生在上我的课时认真多了，还积极举手回答问题。他们还告诉我，备课是教学的开始，备课不仅仅要联系书本上的内容，要和学生的实际生活相联系，还要考虑学生原有的知识水平、学生的接受能力、学生对课堂的反应、教学实际情景等各方面的情况。因此后来我在备课的时候，我的教案一般是详案，一字一句把上课的每一句话写出来。在备好课后，我先把教案交给指导老师过目，指导老师一般会指出哪些地方需要重点讲解，哪些地方该与学生互动等。在指导教师提过意见后，我会再次完善教案，然后再交给指导老师检查，最后才上讲台讲课。这些环节我都非常认真地对待，因此我的课堂教学能力也在不知不觉中得到了提高。

　　这次顶岗支教实习，能够圆满结束，要感谢给予我帮助和指导的每一位老师，感谢可爱的四年级（5）班学生，你们让我更加明白，要成为一名优秀的老师需要怎样努力。总之，通过这次顶岗支教实习，让我获取了经验，认识了不足，体验了教师这个神圣职业。在以后的路上，我会珍惜这些经验，让自己做得更好！

　　　　　顶岗支教实习学校：大通回族土族自治县桥头第一小学

我当一年级班主任

马艳玲

3月14日，我来到了德令哈市滨河路小学，由大学生转变为了实习班主任。在这段时间里，我深刻地体会到了"台下十年功，台上一分钟"这句话的含义，初尝了身为一名班主任的酸甜苦辣。回顾这段经历，感想颇多。一方面，我深感知识学问浩如烟海，使得我不得不昼夜苦读；另一方面，我也深深地体会到教学相长的深刻内涵。

我所在的滨河路小学位于德令哈市区边缘，这里以前是甘南村的村小学，现在由于开发重建，甘南村变成了甘南小区，而滨河路小学的招生范围也有所扩大。学校一至三年级各有2个班，班额大约40人；四至六年级各有1个班，班额大约35人；学校教师有20人左右。本次支教实习我主要承担的是一年级（2）班班主任以及本班的语文、道德与法治等科目的教学工作。

记住学生的名字

刚接手这个班级，我就从学校办公室要了一份学生名单，因为我知道，记住每个学生的名字，看似是一件小事，其实它在学生眼中是件很大的事。如果记不住学生的名字，学生就会觉得自己在老师心中没有地位，觉得老师不关心自己，甚至会产生隔阂。所以我在第一周就尽力记住班上所有学生的名字，之后我便找了个机会来认识每位同学。下课后同学们都围着我叽叽喳喳地说："老师，你怎么才来就知道我们的名字呀？好多老师都还不知道我们叫什么呢。"在后来的日子里，每当孩子们经过我时，都会亲切地喊一声：

"马老师好!"我也带着按捺不住的羞涩和欢喜回应着。

这也使我明白,记住学生的名字,无疑打开了教育学生的一扇窗户。记得教育家爱默森曾说过"教育成功的秘密在于尊重学生"。而记住学生的名字就是对学生的一种尊重,是师生双方平等交流的基础,是走进学生心灵的媒介,是核心素养下课堂管理最有效的抓手,是建立良好师生关系的关键纽带。

做好班主任工作

对一年级的学生来说,刚组建一个新集体不到一年,难免会有陌生、惧怕和不安的心理。这时,他们最需要的就是教师的关爱和呵护,只有这样,学生才会在学校里拥有安全感、归属感,才会喜欢上小学。尤其是那些在学习、思想、行为等方面不太突出的学生,他们往往容易被老师忽视。然而,教师应明白,学生看起来最不值得爱的时候,恰恰是学生最需要爱的时候。因此,我从进班级第一天起,就告诉我的学生,我是你们的老师和班主任,也是你们的"心语"姐姐,你们可以把自己想要说的话写成小纸条放到"心语"信箱里,告诉我,我都会为你保密的。这样做能使老师及时了解学生的心理动态,有针对性地对学生进行心理辅导。学生也愿意敞开心扉,把心里的话向老师倾诉,从而使老师与学生充分沟通交流,建立起良好的师生关系,这对教学工作以及班主任工作的开展都具有重要意义。

我们班有个小男孩从入学那天就显得脏兮兮的,所以同学们都不爱和他玩。我了解后发现他的家庭有些困难,他的父母都是常年外出打工,很少有时间陪伴和照顾他,他就和爷爷奶奶一起在农村生活。因此,在生活上他没有养成良好的卫生习惯,在学习上也显得比较吃力。有一天,我在抽屉里发现了一张纸条,上面歪歪扭扭地写着几个带有拼音的字,有的还拼错了,反复辨认才发现是"老师,我没有优点"。这时,他的样子出现在我的眼前,没有同龄人脸上常见的笑容,只是满脸胆怯的样子,他回答问题要重复很多遍才能听清,说话时还有轻微的颤抖。不难看出,他有一些自卑、胆怯、恐惧。我想,这样下去可能会对他未来的发展造成不利影响,我一定要帮助他克服心理障碍,形成健全的人格。

经过一段时间的观察，我发现他有很多优点，很有礼貌也很善良，即使别的同学不愿意和他玩，但他还是愿意去帮助别人。于是，在我在班里组织开展了名为"他最棒"的主题班会，让学生互相找找他人身上的优点。班会进行了一段时间，也说到了很多同学的优点，但迟迟没有人提及这个男孩的名字。于是我便和同学们说，这个男孩也有很多优点，他见到我会主动问好，那天我还看见他把其他同学掉在地上的书捡了起来，谁还能说说他有什么优点呢？同学们一听，你一句，我一句，这时我看见他抿着嘴害羞地笑了。

在日常生活中，我还带领全班同学帮助他养成良好的卫生习惯，看见他手脏，我会利用课余时间为他打水，让他洗手，白白的小手在同学面前展示一下，既树立了他的自信，又教育了其他学生也要讲究卫生。我还让同学提示他衣服脏了要换一换，以及养成勤剪指甲的好习惯，在大家的帮助下，他也被评上了卫生小白鸽。

在以后的日子里，他不再以"脏兮兮"的形象出现在大家的面前，在与同学的交往中也变得更加自信，大家也都很喜欢他，会主动和他做朋友。后来，他的脸上总是洋溢着灿烂的笑容，是我初进班级时从未见过的模样。

班集体是学生心灵相互接触的世界，在人与人心灵最微妙的相互接触中，只有用灵魂去拨动学生的心弦，关心和爱护学生，尊重学生的人格，才能开启学生的心扉。正如陶行知先生所说："不要你的金，不要你的银，只要你的心。"① 当我满怀爱心去对待学生的时候，我已在爱中收获了爱。短暂的实习生活结束了，它使我从大学生成功蜕变为一名新手班主任，也为我未来真正步入教师行业积累了经验和信心，我相信我能够在未来的日子里，成长为一名优秀的教育工作者！

实习总结

时间充实起来过得很快，转眼顶岗支教实习就结束了，提着行李，初来学校的那一幕幕仿佛还近在眼前。这 4 个月，我收获了很多，不仅仅是学习

---

① 陶行知. 斋夫自由谈［M］. 北京：北京师范大学出版社，2014：101.

了教学工作、班主任工作，还收获了队友的感情。正如有人说的，教师是人类灵魂的工程师：教师的工作不仅仅是"传道授业解惑"，而是要发自内心地关心爱护学生，帮助他们成长。在教授他们知识的同时，更重要的是教他们如何做人，这才是教师工作最伟大的意义所在。我会带着实习的这份成长和感动走上我的教育之路，努力做得更好。

顶岗支教实习学校：德令哈市滨河路小学

小班化教学——照顾到每个学生

马秀英

相遇在春天起始，仍怀炽热之心赏夏日的浪漫，却也在炎暑当头之日，挥手作别往昔。支教虽已结束，但我们仍在行动，不忘支教初心。

星霜荏苒，我已不再拥有那 4 个月的时光。回忆初来时的紧张与惶恐，对比后期熟练稳定的心态，依然觉得不可思议。在支教之前，我担心自己上不了课，没有办法坦然地站在讲台上，但在担任语文教师兼班主任的这 4 个月中，我适应了讲台与学生，也初尝了作为一名中小学教师的酸甜苦辣。

初到学校：艰苦的环境

当我初次踏进格尔木九中的校园，一下车就看见一栋被烧毁、貌似荒废了很久的楼。校长先带我们去宿舍放行李，当校长打开那扇生锈的铁门说这就是我们今后住宿的地方时，我当时就愣住了，不敢想象里面的景象，也不敢抬脚迈入那栋楼，但在校长的再三呼唤下，最终我还是跟着校长一起进入了那栋宿舍楼。刚进去，映入眼帘的就是各种覆盖着重重尘土的旧物品，地上全是天花板掉落的墙皮，校长带我们依次说明了在宿舍的用水用电情况，并为我们分配了房间。由于上学期其他同学来支教时住过，宿舍里基本的生活用品比较齐全，这让我心里得到了一丝安慰。后来了解到，这栋楼从 2019 年就不住人了，由于空置的时间长，也不烧暖气，宿舍特别冷，校长为我们提供了电暖器。就这样，我们在这里安顿了下来。

课堂实践：共同成长

在指导教师的安排下，第一周我以观察者的身份进入各个教师的课堂中，观摩教师的上课风格，了解学生的学习情况并学习优秀教师教学的方式方法。安全的课堂是不过分关注学生犯错的课堂，是鼓励学生表达自身想法的课堂。因此，听课过程中我着重观察教师的评价方式和评价语言。师者，如泽如炬，虽微致远。每一次的听课都是学习，我认真对各位教师的授课方法进行分析，然后我再根据授课班级学生情况，取其精华，用在自己以后的教学中。

在实习之前，我一直在当跆拳道教练，接触过各个年级的学生，跟学员们也交流过很多有关学习等方面的事，在这个过程中，我也了解到每个阶段学生的学习需求和困难。因此在实习的教学过程中，我比其他实习教师有一点优势，就是能迅速用学生喜欢的方式和他们交流沟通，让学生更快地融入课堂。在刚开始备课时，把在跆拳道课程的教学经验迁移到现在的教学工作当中，这样我的教学思路就非常清晰了。我在备课中也会添加一些新颖的教学活动，让学生在趣味中学习，和学生一起享受人文的课堂，享受动感的课堂，享受智慧的课堂。

苏格拉底说过："教育不是灌输，而是点燃火焰。"[①] 我力求上好每一节课，为了让学生更好地吸收知识点，我经常把问题抛给学生，让他们自主探索，让他们成为学习的主人。正所谓，授人以鱼不如授人以渔。最有效的教育方法不是告诉人们答案，而是向他们提问。在与学生提问互动的过程中经过不断地实践，学生与我越来越默契。

小班化教学：育人育心

我教的班级是二年级，班级人数有 19 人，男生较多，学生们的专注力不

---

① 叶秀山 . 苏格拉底及其哲学思想［M］. 北京：人民出版社，1986：39.

太强，所以上课纪律是我经常强调的点。然而上课不断提醒个别同学认真听课并不是一个好办法，因为会影响到整节课的连贯性，后来我采用小组积分制的方法来提醒学生，坐得最端正的一组加分，做操最整齐的一组加分，举手最积极的小组加分……并将小组积分表张贴到黑板前方，在这一举措下，学生们的纪律问题得到了改善，并且也有了更强的凝聚力。

师者，浇花浇根，育人育心。在集体教学中，教师要做到要求学生和尊重学生并重，提升学生的自信心，走近并且用心体察学生，引导学生向积极的方向前进，"教育"便在此刻发生。由于我担任二年级班主任一职，我和学生在一起的时间比其他任课教师要多，加上班里只有19名学生，所以不管在教学中还是在生活中，我都会关注每一位学生，通过每天与学生和家长沟通交流，让我可以全面了解学生。我深感如今的学生比我们当时多了一份顽皮、一份灵活、一份大胆，学生的能力一代比一代强。作为班主任，管理好一个班级不仅要有一些"束缚"的条件，也要适时给学生自由。其他年级大课间时，只有我们班在操场自由活动，我会带领学生练习跆拳道品势，在一声声的口令中，学生也与我越来越亲近。

在与学生交流的过程中，我发现班里很多学生是单亲家庭，很多同学没有母亲或父亲，当召开母亲节和父亲节的主题班会时，我不会提母亲或父亲，我会将主题变成"我与我爱的人"，照顾每一位学生，让他们分享他与他爱的人之间的温暖事情，教会学生感恩每一个在自己身边陪伴的人，虽然总会有人缺席，但仍会有爱你的人。这样我与学生达到了视域融合，都会站在彼此的角度去考虑问题，让我与学生在和谐友爱的氛围中结束了这短暂的4个月时光。

课后服务：爱与分享

当我们的教学任务慢慢进入正轨的时候，指导老师让我选择课后服务的兴趣活动，因为我想发挥自己的特长，所以我选择了故事会。在故事会的第一堂课我选择了绘本《分享真开心》，在讲解后我让学生进行了角色扮演，帮助学生去理解和体会"别人"的感受，分享当时的心情。并且，我还让学生分享了自己"分享"的小故事，有的学生分享了她与别的小朋友分享零食的经历，有的学生讲了自己与爸爸分享苹果的小故事等，每一名同学在讲故事的时候我都能看到他们脸上的幸福和快乐。在分享结束后，我对同学们说"其实你把你的快乐分享出来也是一种分享，分享是一件快乐的事情，我们以后一定要多分享"。通过一个个小故事，学生的所见、所听、所思、所想、所做、所为都会影响他们自身的生命经验，而这些经验会作为记忆、故事、驱动留在生命中，我作为他们的陪伴者，会努力引导并促进他们的发展。在这一次课后服务活动之后，每次下课或者放学之后，都会有很多学生围在我的身边，跟我讲他们当天发生的或喜或悲的小故事，在不断分享中，我们之间的距离也在被慢慢拉近。

老师要尊重学生，真诚关心和爱护学生，用情感去教育学生，去感染学生，滋润学生的心田，感化学生的心灵。在思想上、学习上、生活上等给予他们关心，增强师生情感交流，让学生有一个温馨和谐的学习生活场所，这样他们才能好好学习，才会有学习的动力。通过这几个月来的教学，我明白了教师本来就是一个需要爱心、耐心和责任心的职业。我们每天面对的是一个个天真的孩子，我们更应该用母亲般的心去呵护他们，每天认真对待自己的工作，认真进行教育教学工作，关注学生的身心健康，尽自己最大的努力帮助学生学习知识，健康成长。

支教实习已经结束，回忆这几个月的点点滴滴，是充实和感动。实习让我们深深地感受到责任对教师这一职业的意义，长风破浪会有时，直挂云帆济沧海，未来的我们会闪闪发光，成为照耀别人的指路灯。

顶岗支教实习学校：格尔木市第九中学

一直在成长

罗珺齐

9月4日上午8时，前往西宁市城东区的支教小分队启程了，心中莫名有些激动，想着我马上是一名教师了。大巴行驶约一个半小时，我们一行人到达了西宁市城东区教育局，在分配好实习地点后，大家都各自开始了全新的支教生活。我被分配到了西宁市国际村小学，刚入校时，我对这个小学充满了好奇，对我的顶岗支教实习生活也充满了期待，然而，现实却总是有些"残酷"。

10月8日，我开启了人生的第一堂课——数学课。上课前，我信心十足，心想这堂课一定会有所收获。进四年级一班的教室前，我不停地在心里告诉自己，首先要严肃对待学生，这样课堂教学才会井然有序，然后灵活变换教学方法……总之我把在大学学到的技能和知识点全在脑中过了一遍。进教室时，孩子们看到我后很惊讶地"哇"了一声，不知为何，我竟"扑哧"笑出声来。我心想："哎呀，没有威信了！在大学里老师说过第一堂课要立威，我自己怎么能先绷不住呢。"于是我对着孩子们"吼"了声"安静！开始上课。"好像挺有作用的，顿时教室鸦雀无声。课堂的前几分钟都按部就班地进行着，突然有个男生举起手来说："老师，他把我东西拿走了。"这下我有点慌乱了，不过局面还能控制住。我指着那个男生说："你们的事下课后老师来解决，现在好好听课。"这时，我还心想，管理小学生嘛，没什么难的。可刚刚过了几分钟，另一男生又举起了手，说要上厕所，我心想不能让孩子憋着就同意了。现在想想真后悔同意他去，一个去了另一个又举手说要去，教室里报告上厕所的声音此起彼伏。从这开始，课堂秩序就有些维持不下去了。而后又是孩子们告状的声音，我实在顾不过来，叫了无数遍安静也不起作用，整个教室乱成一锅粥。看着教室里发生的一切，我深感无力，不知道怎样处理，我人生的第一堂课便以这样的乱局告终。回到办公室我只觉得头很痛，对自己的课堂组织和管理能力打了一个大大的问号，对教学也产生了恐惧感。

幸运的是，我遇到了许多热心的教师，也得到了很多帮助。班主任得知我的情况后，在我的课堂后面跟着听了两三节课。因为有班主任的帮助，班里明显安静了很多，教学工作顺利进行。但这并不是长久之计，班主任离开后，他们便会"原形毕露"。我也曾试着用大声呵斥等方式管理班级秩序，但效果并不理想，安静也只能维持几分钟。于是，我积极向班主任和其他老教师请教管理班级秩序以及教育教学的方法，通过不断的交流、探索和尝试，我收获了很多维持课堂秩序的小技巧，对如何维持课堂秩序也有了自己的一些体会。概括起来，有以下几条：

首先，教师要提前几分钟到达教室。如果上课铃响后老师才"姗姗来迟"，那么学生在课堂的前几分钟肯定不能进入学习状态，而且老师急急忙忙赶到教室，势必也要调整几分钟，在老师都没有进入上课状态的情况下，想让学生全神贯注就更困难了。因此，提前几分钟到达教室，一方面教师可以做好上课的准备，利用这短暂的时间，熟悉、梳理本节课将要讲解的内容，让老师思路更清晰，状态更佳。另一方面也能让同学们从上一个时间段有节奏地过渡到本节课来。

其次，在上课的过程中，作为教师不能只盯着自己的教案看，要多观察学生，判断学生的状态，及时采取措施。对于上课不注意听讲或扰乱课堂秩序的学生，可以通过眼神暗示等方式进行提醒。但是，不可避免的，班里有些孩子常常对老师的这些举动无动于衷，那就要点他的名字，甚至走到他的身边敲敲桌子、拍拍肩膀。在后来的一次课堂中，我发现班里的一个男生心不在焉，在做小动作，于是我便点他的名字，让他来回答问题，他马上注意力就集中起来了。对于这些学生，不能期待一次就能彻底改变，要多利用课余时间和他们沟通交流，正向引导，一定会对维持课堂秩序有所助益。

最后，教师还可以通过学识魅力来树立教师的威信，维持好课堂秩序。在数学课堂中，我通过多种教学形式丰富课堂，引起学生的兴趣，提升学生学习的积极性和主动性。当学生对我的课堂有了兴趣，全身心参与其中，并真正收获知识和技能时，自然做与教学内容无关事情的人就会变少，甚至当有人扰乱课堂秩序时，大家都会自发地帮助教师来维持课堂纪律。

经过不断的实践、总结和反思，我逐渐与班里的孩子们建立了良好的师生关系，我的课堂也因此少了嘈杂喧闹，多了几分和谐有序。

在即将结束顶岗支教实习工作的最后一天，整个下午都由我陪伴二（6）班的孩子们。中午吃完饭，我便早早地来到教室，和孩子们一起上午自习，孩子们都很配合，安静地做自己的事情，短短的午自习一会儿就过了。下午一共有两节课，第一节是语文课，第二节是指导孩子们做习题。孩子们做作业时，我挨个检查他们的完成情况。突然，有四五个孩子把我叫过去，说是要送我点什么，我打开一看，都是孩子们手工制作的小礼物，顿时感觉心里暖暖的。在即将放学的时候，我为他们拍了两张"全班福"，留作纪念。时光易逝，但我会永远记住他们最纯真的笑容，记得他们围着我告别的场景。多么可爱的孩子们呀！

短暂的顶岗支教实习已经结束了，酸甜苦辣都有，但更多的是感动和温暖。感谢我的人生中能有这么一段难忘的支教经历。青春在风雨中绽放，生命在奋斗中升华。我们每个人都是，一直在前行路上努力奔跑，一直在不断成长。

顶岗支教实习学校：西宁市国际村小学

我的教育情怀——师生的双向奔赴

蕙琴楠

顶岗支教实习是提高师范专业学生素质和技能的重要途径之一。通过顶岗支教实习，可以进一步培养学生理论联系实际和分析问题、解决问题的能力，使学生了解中小学实际教学情况，获得教师职业的初步实践知识和能力，从而缩短从教适应期，为今后走上工作岗位打下良好的基础。

我的顶岗支教实习地点是大通回族土族自治县黄家寨镇中心学校，学校始建于1971年，为一所九年一贯制寄宿制学校。学校覆盖20个行政村，下辖3所完全小学、4个教学点。学校的老师年龄和我们的父母差不多，他们在生活上将我当作自己的孩子一样细心照顾。虽然在实习期间我们遇到了疫情，但在老师们的关照下我没有受到太大影响，非常感谢老师们的关爱。此次支教实习使我得到了锻炼与成长，同时也获得了一次难忘的经历。

初来乍到，接手六年级数学课

我对黄家寨镇中心学校的初印象是紧挨马路，宿舍外墙已经斑驳，当时心里想着学校环境可能不是很好。进入学校果然不出所料，基础设施不太完善，学校周边没有商店，只有一个养殖场，一想到要在这里支教实习4个月不免有些担忧。但想着我们顶岗支教实习的主要目的之一是学习和适应，这样的环境更能磨炼我们的意志，让我们能更快地成长，于是也就没有那么难受了。

到达学校的第一天下午，校长对我们先表达了欢迎，并强调了实习的注意事项与实习任务，我也与指导老师进行了初步接触。由于这所学校地处乡村，各种课程的教师都比较缺，学校领导经过综合考虑，给我安排了六年级数学科目的教学工作。由于教的是小升初毕业班，并且我教的科目与所学专业不相符，我害怕教的效果不理想，但教导主任让我"不要有顾虑，放心大胆地教，跟学校优秀教师多听听课多交流"。六年级的两个班综合水平差距有点大，最后我被分配到综合实力弱一点的班级，但我有信心能教好他们。

第二天早上，我准备先去听六年级的数学课。但没想到的是，突然接到消息，昨天还安排好当我数学指导教师的张老师，要紧急调去其他学校工作。面对这种突发情况我只好硬着头皮，在没有任何准备的情况下立马上台讲数学课。在了解到已经有配套的练习册以及试卷后，我在第一堂课就进行了摸底考试，先对授课班级的数学基础进行大致的了解，以便之后教学工作的顺利展开。但令我没想到的是，这次考试虽然是他们刚学过的内容，可是班级数学平均分只有四十多，更有甚者考了个位数。这个成绩在提醒我，之后的教学工作要侧重于基础知识的讲授，强化学生对所学知识的掌握。

刚开始我对教学满怀期待，梦想着要在第一次教学中大展身手，对未来充满了憧憬，可现实却狠狠地"打醒"了我。想让学生喜欢你，就得从喜欢你教的这一门学科开始。为此，我不断努力，授课过程中根据学生的水平设计不同难度的问题，根据能力布置不同的作业，希望他们跳一跳就能摘到挂在高处的"苹果"。但有时候，我也非常生气，他们有些人好像把自己屏蔽在班级之外，你说的话他们完全听不进去，学生的不配合一度让我有些灰心。我和指导老师在办公室谈及这个情况后，办公室老师都说他们也遇到过同样的问题，表示这些都是教师教学中容易碰到的常见问题，还教会了我一些解决问题的方式方法。除此之外，他们给我讲了一些他们教学过程中遇到的趣事，使得我原本阴霾的心情突然变得晴朗起来，随之我也调整好了自己的状态。

后来，我把教学的重点放在班级大部分学生身上，并对部分学生在课下进行了专门辅导。我坚信有一分付出就有一分收获，慢慢地他们开始变化，一天一天地在进步。班里有3名住校生，每天晚饭后到晚自习上课前，我都会抽出半个小时对他们进行作业辅导，其中两个人的基础还不错，就让他们做一些较难的题。另一个学生因为家庭原因，学习积极性不高，我根据实际情况和她一起制定了目标，争取跟上班级的教学进度，我带着她从书的第一页不懂的地方开始学，根据基础知识点每天额外布置一些题目让她做，然后让她把不懂的问题记在本子上每天找老师或班内的同学弄懂。经过一段时间的学习后，她会在课上主动举手回答问题，每天的作业也会认真完成，在一次测试中她的成绩比第一次进步了 30 多分，这对她和我来说都是一种鼓励。但我又发现和她一起玩儿的几个人都是班里不写作业的女生，所以希望她去影响她的朋友们，带动其他同学共同学习、共同进步。

疫情防控，线上教学的磨合与成长

经过一番努力后，我终于和学生培养出了较好的默契，然而突如其来的疫情打乱了我们的计划。我们要化身"主播"通过手机屏幕给学生上课，用什么软件上课效果好、软件的各个功能是怎样使用的、怎样才能让学生在网课期间也能认真听课、怎样与家长进行沟通等这些都是作为在线教学的老师需要思考、想办法解决的问题。整体来看，学生在家利用手机、电脑上课效果不太理想，主要有以下问题。

第一，学生不能全部到齐上网课。根据了解到的情况，有一部分同学是跟爷爷奶奶在一起的留守儿童，家里没有智能手机让他用来上网课；还有部分学生借住在其他亲戚家，也没有足够的设备能让所有孩子都上网课。第二，上网课的效果不理想。大部分学生无法做到长时间集中注意力听课，根据打开的摄像头的数量、评论里学生回答问题的情况来看，班里只有 1/3 左右的学生能听完整堂课。第三，由于是使用电子产品上课，使得上网课的时间太短，前期只有 20 分钟，后期调整到半小时，教学内容完全满足不了教学需求。而且，六年级的部分学生自制力较差，如果没有家长监督很容易沉迷于手机。

为此，我每天都将上课的签到以及作业完成情况及时跟家长沟通，让他们能抽出时间来多关注孩子的学习。同时还担心学生在居家防疫期间出现情绪上的波动，我经常对他们进行居家防疫心理健康辅导，通过案例给他们讲授疏解情绪的方法，分享居家舒缓情绪的小游戏等，让他们及时调整心理状态。

在学校上网课期间，我依旧认真备课上课，激情饱满地进行教学。在和其他老师们交流后得知，在上网课这件事上，他们是第一批"吃螃蟹的人"。在新型冠状病毒刚暴发时，网课软件以及设备等都不太完善，而且支教点学校的老教师数量占比大，老师们不太适应在线教学，同时对一些在线教学软件的使用也不够熟练。有些教师不得不在自己孩子的帮助下开始使用雨课堂、钉钉、腾讯会议等软件进行教学。

而如今，我们在网课软件使用上有什么不懂的都是学校的老教师们热心地帮助。比如，指导老师教我利用钉钉家校本发布作业，他认为这不仅能设置作业提交的形式，看到学生提交作业的时间，更重要的是师生之间的交流更加方便。在学校时有些学生可能出于害羞等一些原因不敢当面问问题，但通过线上方式，学生更容易提出自己的疑问，教师可以有针对性地解答学生的问题。

在7月7日这天，六年级（1）班的学生迎来了他们的小升初毕业考试，这是他们小学学习成果的最终检验，更是对我教学成果的最终检验。在和他们拍毕业照时，我很感慨，这段与六（1）班全体学生的相处时间，有欢笑，也有眼泪，甚至我一度想要放弃，但我还是坚持了下来。很荣幸能陪他们度过小学阶段的最后时光，参与到他们的青春里。衷心地祝福他们：在以后的人生道路上，用自己的勇气、毅力与自信作笔，以蓝天为纸，用自己的真诚与拼搏为墨，去描绘自己的灿烂人生！

顶岗支教实习学校：大通回族土族自治县黄家寨镇中心学校

教育中的半甜半苦

伦珠旺杰

"人生哪能多如意，万事只求半称心。"不知不觉，半苦半甜的顶岗支教实习生活在囊谦县第二完全小学（简称"二完小"）已经持续了好几个月。从刚踏进囊谦县第二完全小学大门时的兴奋与迷茫，到后来的沉着与冷静，在这段时间里经历了很多，也学到了很多。

课堂教学半点甜

在囊谦县第二完全小学，我担任二年级7个班级科学课程的教学工作。在顶岗支教实习之前，我对自己的教学水平还是很有信心的，相信自己不会辜负学生和老师的期望，但当自己真正站在讲台上时，才深切体会到那句："纸上得来终觉浅，绝知此事要躬行。"很多时候，在现实科学课程的教学中，学生们缺乏科学探究的兴趣和积极性，对于一个问题通常缺乏思考。如何提高学生的积极性以及如何使科学课程更加有趣，这使我一直苦恼，找不到答案。课余，我在翻看教育学理论书籍的时候，突然想到杜威提倡的"做中教、做中学、做中求进步"的教育观点。我想科学探究的过程就需要从做中来，从实践中来，这样学生的感触才更深刻，所以科学课程的教学也要在"做"字上做文章。基于此，我组织了一次"纸托水"教学实践活动，让学生体验其中的有趣现象。

在课程刚开始时，我就针对课程题目问学生："同学们，如果把一个杯子里装满水，再往杯子上盖上一张纸，把杯子往下倒。纸能托住水吗?"有些同学胸有成竹地说可以，而有些同学却迟疑了一会儿说不能。"一张薄薄的纸怎么可能托住沉重的水呢？""一张薄薄的纸是不可能托住水的！"同学们大多认为纸不能托住水，于是我便说："那好吧，我们今天就来做个小实验，验证一下，薄薄的纸到底能不能托住沉重的水。"于是，我拿出一个玻璃杯，接着往里面装满水，用一张纸包住，"见证奇迹的时刻到了！"同学们睁大双眼，我很快把杯子往下一倒，手一松，只见得一张薄薄的纸真的把杯子里的水托住了。孩子们露出吃惊的神情，还没完，我又拿起了一根牙签，使劲地往纸片上戳了好几个洞，还把杯子翻了个跟头。神奇的一幕出现了：水竟然再次被纸片托住了。同学们立马惊讶地响起了掌声。可针对"薄薄的一张纸是怎么把沉重的水托住的呢？"同学们心中充满了疑惑，于是一个科学原理便挖掘出来了：水不会洒到外面是因为杯子里没有空气，只有纸片的外面才有机会接触大气，它就被大气封在杯口了。这样，水就不会洒出来。

同学们恍然大悟，纷纷踊跃尝试。此后，我的科学课上，同学们情绪饱满、求知若渴，还想探究更多有意思的科学现象，做更多的科学小实验。像这样的小实验说难不难，说简单又不简单，可从这个小实验中，学生懂得了一个道理：在日常生活中，到处是科学，只要有一颗爱探索的心和一双善于发现的眼睛，人人都可以成为科学家。在小学阶段，学生多探索、多发现，可以拓宽认知，打开思维的大门，可以通过科学发现学习的趣味性，可以激发其想象力与创造力，培养其发散性思维，促进学生身心更好的发展。作为科学教师，要善于设计有意思的课程内容，善于引导，保证全体同学都能积极参与实验过程，提高对科学的兴趣。

实习日常半点苦

作为一个初学者，我深知自己离成为一名优秀教师还很遥远，因此我从做好每件事情、每个环节做起。

11月4日和5日，学校进行了期中考试，同时我也经历了当老师的第一次监考。当拿着沉甸甸的试卷来到考场时，看到学生们眼神中透露出的执着、自信，我相信每一位学生都能考出理想的好成绩。按照要求在监考时必须全神贯注，不能做任何别的事情，所以监考时比较无聊，但是我知道这责任重大，因此在两天的监考中认真负责、全力以赴。在监考过程中，看着学生们认真作答的样子，我想做老师最开心的事情莫过于学生学有所成、取得理想的成绩了。考试结束后，我又迎来了第一次阅卷，在此过程中我真的体会到了老师的辛苦，同样也感受到了作为一名人民教师的责任。

顶岗支教的这几个月，对我们这些顶岗支教实习生来说，最急迫的是在尽可能短的时间内，查找自身不足，尽自己最大努力积累教学经验，为快速上手工作打下良好基础。为此，在教学工作中我认真反思与总结，认识自身在教学中存在的一些缺点。

比如做事不够主动，这是一个不好的习惯，太被动容易失去对事情的掌控权，也容易随波逐流。在教学工作中有时只觉得把一节课上完就大功告成了，较少去想如何用更好、更优的教学方法达到最佳教学效果。后来我注意到这个问题后，开始有意识地去改进，不仅把学校安排的任务完成，还考虑怎样把一节课上好，使教学既有效率又有质量。从教学目标的制定、教育内容和教学方法的选择，再到教学的实施与最后的反思，每一步都至关重要，每一步都要认真做好准备，要充分考虑到学生的已有经验与兴趣爱好，控制教学步调，使之与学生接受程度完美吻合，保证学生都能掌握科学基础知识与技能，养成良好的科学探究态度与行为习惯。

金无足赤，人无完人。虽然我在努力改进，但在教育教学中还有不少问题。现在我想说，在支教中捧着一颗心学习，学无止境，进步也无止境。这需要我在之后的工作中积极吸取经验与教训，通过自身的努力提高教育教学水平，从而使得自己在教师的道路上走得更好、更远、更稳。

顶岗支教实习学校：囊谦县第二完全小学

我在白玉乡小学顶岗支教

李韶明

我顶岗支教实习的学校是果洛藏族自治州久治县白玉乡藏文寄宿制完全小学，该校自 1963 年建校以来，学校始终坚持面向牧区，不断扩大办学规模。目前，学校占地面积 74810 平方米，建筑总面积 13893 平方米。在努力营造"文明校园""人文校园""绿色校园""和谐校园"的理念指导下，学校已成为久治教育的一道亮丽的风景线。目前拥有 25 个教学班，全校师生 1000 余人，学校先后由三年制、五年制转变成六年制完全小学。在此基础上，学校设立了学前教育部。近年来，学校营造尊师守纪、勤奋好学、友爱活泼的校园文化氛围，提倡"敬业奉献、勤业爱岗、乐业爱生、精业钻研、创业求知"的教风，开展"铸师魂、展师风、树形象"的师德建设，教育教学质量不断提升。

过程的收获

3 月 14 日，指导教师兼班主任程老师带着我走进六（1）班，让我简单做个自我介绍。因为没有任何心理准备，于是临时凑了几句话："同学们，我是新来的实习老师，我叫李韶明，以后大家可以叫我李老师，来这里的日子，我希望大家能互相勉励，一起学习，以后请多多关照！"这个由 45 名可爱的同学会聚一堂的快乐团结而又积极奋进的班级，对着我响起了雷鸣般的掌声，顿时让我内心的忐忑减少了许多。

通过与班主任以及班委的交流，我用了一个星期的时间了解了班上的每个学生的基本情况。与此同时，在第一个星期，我的主要任务是认真听指导老师和其他老师上课。很庆幸，当时正好碰上了县里的"地方优质课程"来白玉乡藏文寄宿制完全小学做评比。现场听课的感觉和以前完全不一样，以前听课是为了学习知识，现在听课是学习教学方法。目的不一样，上课的注意点就不一样。

在第二个星期，我的指导老师让我上讲台，为此我认认真真地备课。我知道备课是上课的先导，不仅要钻研教材，而且要把教师、教材、学生三者融合成一个有机的整体，从教材的难易程度和学生的实际水平出发，使备课为课堂教学打下良好的基础。我做的是详案，自己要说的每一字、每一句都完完整整地记录下来。在备好课后，我先把教案交给程老师修改，程老师会告诉我哪些地方需要加重，哪些地方该更多地与学生互动，哪些地方注意引导学生勾勒重点，等等。在指导完初稿后，再次整理，整理后交给程老师检查。这一系列的环节我都非常认真地对待，以争取在讲台上发挥出更加好的效果。

到了第二个星期的星期五，我以一名语文老师的身份正式地站了那神圣的三尺讲台上，开始我的第一堂授课。因为第一次上课，紧张的心一直跳个不停。不过出乎我的意料，学生非常配合，并且积极回答问题。一开始我先介绍了莲花的物理知识，因为莲花的品质都是从它的外观特征表现出来的。但是，我怕讲理论知识不能带动学生的积极性。于是，我便用图文并茂的方法，将知识形象生动地表达出来，把学生的注意力成功地集中在一起。后来，我出示了两首古诗《小池》和《莲》，以猜谜和阅读的方式让学生参与，调动了学生的积极性。这堂课，整体效果还不错。通过这堂课，我对上课已经有了很大的信心。

通过这次上课，我认为从学生的思维水平出发考虑教学方法是十分重要的。因为也许教师认为很简单的问题，对刚刚涉及这些知识的学生来说很可能是深奥、颇为难解的知识，这时候作为教师以何种方式将知识点为他们讲述清楚就显得尤为重要。并且，让学生主动参与课堂，使课堂成为他们展示自己的舞台，也至关重要。于是，在之后的备课过程中，我侧重于对学生的兴趣点、知识的清晰表达。同时注意学生的参与和提问。提问也是一种学问，提问要紧扣课文，有一定的深度，能使学生抓住要害，深度理解知识，因为教学的艺术不在于传授本领，而在于激励、唤醒、鼓舞。

怎么去激励、唤醒、鼓舞学生呢？最简单的方法就是让他们参与课堂，给他们更多机会，学生才会融入课堂，唯有这样，学生的语文水平才会有所提高。这一做法果然收到了良好的效果，学生们听完课后，知识掌握情况都比较好，这让我倍感欣慰和满足。

作为实习生，幸运的是每一次上课前与下课后都有老师的指导，我更是抓住难得的机会，做好课后的反思和总结，在实践中发现自己的不足，纠正错误、完善自己。作为语文老师，我在课堂教学之余还非常注重批改学生的作文和试卷，尤其在批改学生作文时，我将每一篇作文作为观察学生心灵的窗户，通过作文我看到了大多数孩子在思想上已经逐渐成熟起来了。他们能够明辨是非，能够懂得去热爱生活，珍爱身边的每一位亲人和朋友。但是有个别同学还是有几分年少的冲动。

在改作文的时候，我除了对他们作文内容上的点评之外，还通过评语对他们进行思想上的引导，纠正他们思想上的偏颇之处，鼓励他们端正学习态度、树立积极的生活信念，并对他们报以最大的信心。作为语文老师不仅要有渊博的知识，满足学生的需求，而且要有博大的胸襟，宽容、关爱、理解学生，走进学生的心灵。我相信，精诚所至，金石为开。虽然我现在还只是初涉教坛，不管在知识储备还是经验积累上都较为单薄。不过，我已经爱上了讲台，我会努力。通过这次顶岗支教"真枪实弹"的课堂教学，更加明晰了未来要走的路。

班主任的故事

班主任工作是贯穿于我顶岗支教实习始终的一项工作。从 3 月进校，我始终都没有脱离班主任工作。这个工作和教学工作一样，需要付出真心实意。而如何形成亦师亦友的良好师生关系，建设一个积极向上的班集体，对一个新教师来说并不容易。我的班主任工作主要是每日带早自习与早操、眼保健操，早中晚检查学生的卫生情况，与班委一起组织学生进行学习等。后来，由于指导老师的信任，我开了一次家长会，与家长交流学生在校情况及家庭教育等方面的内容。面对家长，虽然我内心有些慌乱，但是我的指导老师一直在旁边鼓励我，给了我莫大的勇气，家长会总体感觉还是挺不错的。

苏联教育家苏霍姆林斯基说过："教育技巧的全部奥秘也就在于如何爱护儿童。"① 作为一名"准教师"，我也同样要用爱的心灵、爱的行为去感动学生，去启迪学生。而这种高尚纯洁的热爱就是教师与学生心灵之间的一条通道，是开启学生心智的钥匙，是用以点燃、照亮学生心灵的火焰。这段时间，在与学生沟通的过程中，发现了不少学生存在的问题，如学习基础差，但很想努力学；聪明但自控能力差；上课爱开小差等。我及时给学生做思想工作，开导他们，帮助他们树立积极的心态，并给他们讲大学的美好时光，鼓励他们努力学习，考上自己理想的大学。

班主任工作，让我清楚地知道：教师的职责不仅仅是教书，更重要的是育人。班主任的日常工作，使我想到了传统医学中"望闻问切"四诊法。于是，我总结出四点：细心"望"其表、耐心"闻"其声、真心"问"其想、准确"切"其脉。所谓"望"，就是要具有一双善于发现的眼睛，"望"学生在学习生活中的表现和情绪变化，做到"见月晕而知风"，从而及时有效地开展教育工作；"闻"就是听，听学生的心声，听学生的内心世界；"问"即是探，探学生的心绪，探学生的心灵角落，真心关怀学生的每一丝情感，细致呵护学生心灵的每一寸柔软；"切"准其脉对于后进生尤为重要，每个孩子都有自尊心，老师客观公正的评价，有助于后进生的转变。在消极因素中寻找积极成分，正如苏霍姆林斯基所说："要让每一个学生都抬起头来走。"同时还要随时随地地同学生"心理换位"，想其所想，再晓之以理、导之以行，成为学生的良师益友。

故事的结尾

在这几个月的时间里，我体会到了要做好一名教师，并不像想象中的那么容易，也明白了要做好一名人类灵魂的工程师的责任感和重要性。顶岗支

---

① 苏霍姆林斯基. 教育格言［J］. 新课程导学，2016（20）：2.

教实习，让我意识到了自己的不足，也让我深切地感受到：只要你用心做了，就会有进步，就会有提高。

这是我走向教师舞台的第一步，我知道以后还会遇到更多可爱的学生，但是，他们——我所有教过的学生，见证了我一步步从幼稚慢慢地成长，他们也是我人生的老师，教我怎么学着做一个好老师，他们带给我的不仅仅是我的提高，更教会了我珍惜。

这次顶岗支教实习，对我来讲是上了一堂重要的社会课，受益匪浅。在此过程中，非常感谢张老师、王老师、林老师以及陈老师、夏老师、宋老师，感谢我可爱的六（1）班与六（2）班的学生，是你们让我更加明白要成为一名优秀的老师需要怎样的努力，走入社会，需要学习的东西还很多。这次分别不仅是我人生中一段珍贵的记忆，更是我另一段人生的起点，我相信在未来的路上我会做得更好。

顶岗支教实习学校：久治县白玉乡民族寄宿制小学

新的旅程，新的收获

徐　彦

由于疫情原因，我的顶岗支教实习过程颇费周折，出行受阻，活动困难。在新学期开始后，我没能与其他同学一起启程，在他们大多已经进入顶岗支教实习学校后，我却只能从他们口中了解支教实习学校的一些情况，当时对属于我的顶岗支教实习生活一方面是期待，另一方面是担心，期待的是能在实习过程中学到东西，担心的是当时疫情反复，不知道自己还能否顺利地去支教实习的学校。

在疫情稍微缓解后，根据前面的安排，我顺利来到了民和县隆治乡中心学校。隆治乡中心学校是一所九年一贯制寄宿制学校，学校位于距离县城东南32千米处，在张家行政村中心。学校始建于1955年，前身为隆治乡张家小学，1968年扩建成初级中学，得名隆治乡初级中学，2008年更名为隆治乡中心学校。该校服务范围覆盖全乡10个行政村，山区5个行政村。岁月如梭，转眼间在隆治乡中心学校4个月的支教实习工作已经结束，下面我对自己的工作做些总结。

首先是在教学工作方面。一是听课。刚来的两周，学校的备课组长安排我们进行听课、观摩，并了解这里学生的学习程度。刚开始我听了5位老师的课，有刚上岗的富有激情的年轻老师，有任教多年经验丰富的老教师。在听课过程中，我们几个顶岗支教实习生也交流较为密切，经常讨论各位老师的讲课风格、教法学法，这让我受益匪浅。听课后，帮指导教师批改作业，以了解学生掌握的情况。听课让我更加明确了上好一节课的主要环节及注意事项。二是上课。上课的课件和教案通过指导教师审核后，我开始站上讲台，这才是真正的锻炼。上课面对的不是一两名学生，而是五十来个十岁左右的孩子，他们有自己的思想，又观察入微，经常会在课堂上提出一些我意想不到的问题。这时我才知道自己没有充分备课，没考虑到学生的反应。在备课时，要了解学生已掌握的知识，有些东西他们虽然学过，但不一定完全掌握。所以在备课时要备学生，这是非常重要的环节。

其次是班主任工作方面。民和县隆治乡中心学校在管理方面还是比较严格的。班主任是班级工作的组织者、管理者和策划者，也是学校管理的中坚力量和骨干分子，对良好班风和校风的形成起着举足轻重的作用。我每天早上6点50分到校园里检查学生的清洁工作，7点到班里带早读。在和这群孩子的接触过程中，从一开始担心他们跟我距离较远，到后来我们无话不说。我认识到，对这群孩子来说，爱是最容易感动他们的，对他们的关爱，他们是可以感受到的，并且会在无形中以自己的努力来回报你。这对一个老师来说，是一件非常幸福的事。在最后要走的时候，我还开了一节以感恩父母为主题的班会。因为对现在的孩子来说，生活条件比较优越，可能很少会感知父母的劳苦，我希望通过这次主题班会教会他们懂得感恩、孝顺父母。班会的效果比较好，有些学生感动到落泪，可以看到他们心里是有所触动的。

最后是在评价学生方面。作为一名班主任，对学生进行评价是必不可少的。通过评价可以促进学生在知识技能、过程与方法、情感态度与价值观方面的发展；可以发现学生多方面的潜能，帮助学生认识自我，建立自信，让学生不断尝试成功的喜悦；可以促使学生对自己的学习进行回顾、反思和评价，培养学生学习的主动性和对学习负责的态度。在教学时我会注意对学生的评价，尽量给予学生积极的评价。在所教的班级中，存在两个学困生，接手班级的时候，两个学生在上课时容易走神，作业也完成得不太好，几次小测试也是刚刚达到良好的标准。对此，其他老师跟我谈起"他们现在是抓基础的时候，成绩最差的也应该在八十分左右，要好好辅导成绩较落后的学生"。在对两个学困生进行辅导时，我先对他们的学习习惯进行了纠正，比如，写字、上课听讲、作业的完成等，然后在上课时会提问他们，在他们不敢回答或者不会时，我会去一点点地引导，让他们自己完成回答。当他们有一点点进步时，会给予他们积极的评价，还会采用奖励的方式，只要有进步就会有奖励。经过半个多学期的努力，两位同学都有了相应的改变，能按时完成作业，上课时回答问题的声音也开始变大了，在之后的测试中，成绩有了明显提升。在给予学生积极的评价之后，学生可以通过评价看到自己在发展中的长处，增强自信心，也能看到自己的不足，从而调整自己的学习。

顶岗支教实习学校：民和县隆治乡中心学校

顶岗支教的点滴纪实

马国庆

"要用这段时间，去做一件终生难忘的事。"我在心里暗暗对自己说。

9月6日上午，空中还飘着小雨。从西宁市城中区教育局出发，在李主任的带领下，我第一次踏入了观门街小学的校门，见到了即将朝夕相处4个月的一张张稚嫩可爱的面庞。迎着孩子们好奇探究的目光，我终于将心中默念过无数遍的话语宣之于口："观门街小学的小朋友们，大家好！"

或许是因为儿时的梦想，或许是长大后的期待，从大学到小学，从熟悉的校园到陌生的实习学校，我心中除了充满新奇和兴奋，也会有无限的力量在涌动。身为一名师范生，三尺讲台是我向往的圣地。4个月以来，我每天带着孩子们的殷殷期待和朋友们的声声叮咛，站在自己梦寐以求的讲台上，认真工作和学习。然而，时光匆忙，欢聚须臾，4个月的实习工作已近尾声，我也将重返师大。念及近在咫尺的离别，心中难免伤感失落。同时，我也是欢愉充实的，在这空落落的心中存放着属于我和孩子们的点点滴滴。点滴中有我为备课而亮至深夜的灯火，有每日课上的琅琅读书声，有同孩子们一起在操场上奔跑的身影，也有着那一双双求知若渴的眼睛和我溢于言表的感动。回想起一幕幕，仿佛就在眼前。

教学与成长

初来乍到的我对教学是陌生的，但通过积极地与指导老师交流，学习他们的各种教学经验，细致钻研教材，用心备课，认真批改作业，全身心地扑在教学的各个环节上，我悟出了自己的工作重点：学以致用，认真钻研，探究教学，提高教学，并准备为之努力。我深深地感受到，上完一堂课不难，可是上好一堂课却要花费很多精力去钻研教材、设计教案、组织教学。然而，功夫不负有心人，经过4个月的努力，我已成长为一名合格的人民教师，而这一路走来的点滴经历，我也细细描摹纸间，与君共享。

记得实习的第17天，是我被听课后的第二天。我的指导老师李主任给了我听课反馈，对我是一种鼓励，也是一种鞭策。于是，那晚我的日记本中出现了这段话："Life will get better when it goes bad to a certain extent, because it can't get worse than this. We should fill our heart with sunshine."感谢指导老师长久的悉心教导，虽然还有很多不足的地方，但我会加倍努力变得更好。回想起来，第一次完完全全带班、上课、被听课，虽然表面风平浪静，但我的内心满是不安，觉得自己会管不住那些小孩子。但同时也要感谢那些可爱的孩子们，和他们天天黏在一起，让我一度以为自己回到了童年，虽然作为老师我并不是完美的，但我一定会让自己变得更优秀，让他们更加喜欢我。

记忆犹新的是给一年级的孩子们上校本课，我走进教室被学生问好："蔬菜老师好！""不对，是植物老师！""不，马老师是体育老师！""马老师，你为什么是我们的数学老师？"感觉孩子们口里的我是万能的，我也非常喜欢小孩子们突如其来的表白，这让我这颗躁动不安的心终于能平静下来。之后，我带着一年级两个班的孩子们去参观了学校的幸福小农场。孩子们的世界里所有的东西都是美好、单纯的。"老师，西红柿可以烤着吃吗？""老师，黄瓜上面为什么有刺？""老师，辣椒有螺旋形的呀！""老师，茄子是长的紫色的哇！""老师……"从这些发问中，我觉得孩子们都是天使，他们都有美好的梦想，希望他们都能做一个快乐的孩子，健康成长。

接下来，学校举办了青年教师"成长杯"教课比赛，整个参赛过程自己也收获颇多。衷心感谢我的指导教师长时间以来对我的教导，很幸运来到了这所学校，这段时间老师们都很忙，指导教师依然抽时间帮着我磨课，修改课件和教案。拿到奖的那一刻，真的很开心、很激动。如果不是指导教师的悉心指导，这节课我很有可能都讲不下来，真的觉得自己是幸福的也是幸运的。同时，还要感谢那帮可爱的孩子们，他们求知若渴的眼神让我更加坚定要好好读书、好好学习，不断完善自己。或许我不是最好的那一个，但我要成为最努力的那一个，越努力就会越幸运。

班主任与德育

扎实的学科知识，丰富的课外知识，灵活的教学方式以及无限的耐心、爱心是一个班主任该有的素质。当今的学生思维日趋多元化发展，孩子们的问题常常也天马行空，他们的行为也会让人不知所措，所以作为一名班主任，一定要对自己的教学内容烂熟于心，对自己的工作了如指掌，学会举一反三。不管是学生需求还是时代发展，灵活的工作方式都是对班主任不折不扣的要求。班主任工作是琐碎的，也是重要的，它需要很强的责任心、细心和耐心，关心班上的每一位同学，关注班里的每一件事。班主任工作也是辛苦的，各方面的工作都要心细如发，稍不注意就会发生意外。所以我要更加以谨慎、认真的态度来对待工作。

自己也经常被暖心的孩子们感动。记得有一天，天气很热，中午趴在桌子上打盹时被班里的一群跑到办公室告状的孩子吵醒，看到我满桌子的作业和教案还有睁不开的眼睛，有个孩子在我身边说："老师工作都累了。"没有看清他是谁，但我知道他一定是个温暖的孩子。之后我和指导老师李主任进行了一次深入的谈话，感触颇深。每一次和他交流总会有不一样的收获，很幸运在观小遇到很多优秀的老师。成长是漫长的、曲折的，但是突然会有那么一天，所经历的苦难和挫折，都会变成别人认可的掌声。但愿每一天的我都会有所收获，每一次站在讲台上眼中有光、心中有爱。不管他们是淘气还是听话，都是他们最真实的模样，自己也越来越喜欢这里，越来越享受在这里的每一天了。下午的太阳暖洋洋的，慵懒地躺在操场上看天空，班里的几个小孩子看到后，也依样跷着腿躺在我身旁，时间仿佛静止在了这一刻，原来他们就是我微小而确实的幸运，是稍纵即逝的美好。他们是我温暖的存在，也是我存在的温暖。时间稍纵即逝，对他们越来越依赖，习惯了每天课间操被他们包围，拽着我的衣服和我"开火车"，其实不是我瘦了，事实是我的衣服被他们扯啊、扯啊，扯大了。习惯每天看到他们纯真的笑脸，他们笑得很可爱，只想摸摸他们的脸。习惯每天下课放学和他们说拜拜，看着他们消失在我的视线里。不敢去想未来没有他们的日子，那就珍惜每天和他们在一起的时光、珍惜他们叫的每一句马老师。

实习了一段时间之后，自己也当上了班主任，一天就上了 6 节课，回忆起来，那一天过得很累但也很开心。上到下午最后一节数学绘本课，孩子们问我是不是今天上了一天课，我说是的。于是，他们就乖乖地不说话，认真听我讲故事。临近下课，我问他们"马老师走了你们会怎么办呢?"他们异口同声地说"马老师不许走"。那一刻，再累再辛苦都值得。因为我知道最美的日子，就是和他们在一起的日子。离开的日子越来越近，舍不得的情愫也越来越浓。

文体与其他

除了从事教学活动外，我也参与了学校组织的各项文体活动。用自己的特长教孩子们，用自己的努力让孩子们开心快乐，用自己的激情点燃孩子们的童真。9 月 10 日，天空格外蓝。这是我人生中真正意义上的第一个教师节，走了红毯，入职宣誓，还遇到了可爱的小朋友和同事们。在宣誓的那一刻，我暗自下定决心：愿我以后谨记初心、立德树人，愿我以后勤学修德、为人师表。令我很感动的事情是我生日的前一天，我被通知和办公室邻桌的甘老师一起策划粉笔画大赛，写了简讯，做了美篇，弄了方案，也突然觉得其实所有的事情没有想象中那么难。晚上我的好朋友约我出去吃晚饭，给我买了蛋糕提前给我过生日，突然让我觉得在这个"兵荒马乱"的日子里存在着一些温暖的感动。还有我那些可爱的孩子们，突如其来的表白会让我变得兴奋，整天缠着我问问题也会让我感觉到自我存在的价值，他们告诉我喜欢上我的课，这让我觉得一切的努力都值得。突然更加珍惜在这里的每一天了，在这里让我找到了自己存在的更大价值。

实习的第 72 天，记得那天下了一场厚厚的雪。早上起来害怕上班迟到，简单的洗漱后，便匆忙下楼，推开门映入眼帘的是一片雪白，门前没留下任何脚印，我竟然成了楼里第一个出门的人。一路上雪花纷纷扬扬，走进校园，那些绿叶早已落尽的枝丫上镶嵌上了厚厚的雪，几片枯叶凋零在树梢上，将落未落地好似白色花朵的点缀，花尾坠落着花穗，这情景根本感觉不出一丝冬日荒败的痕迹，反倒是诱人无比。第一节在一班上数学课，看到孩子们天真的笑脸就如冬日里的太阳，那样幸福温暖。第二节课给六年级讲数学卷子，感觉到他们在认真地听我讲，然后针对自己的卷子查漏补缺。第三节在二年级上室内体育课，讲解人体结构与运动的注意事项，看着他们一会儿摸摸自己的关节，一会儿摸摸自己的骨头的画面，真不知道用什么词来形容他们的可爱了。第四节自习课，我站在讲台上听着沙沙的书写声，看着窗外白茫茫的操场，还有那几棵已经成为琼枝的树挂，觉得校园就像一幅唯美的水墨画。雪不停地下着，就像飞舞的精灵，肆意地展现着自己，突然有一种感觉，这个世界因为它的存在而变得纯洁，尽管其存在只是一个流星式的过程，但是它却创造了一个宁静祥和的氛围。转眼看向孩子们，一晃我还有一个多月就要离开了。在这里工作已经适应，与同事相处得很融洽，但是最让我觉得高兴的便是眼前的他们，那些纯净的眼眸，以及他们浓烈的欢喜，把我染得满是慈爱。这一刻的凝眸里，满是幸福。

日常温暖

教育的本质是"爱就开心"。只有对学生倾注了你的爱，你才会体会到学生失落时的痛苦、学生进步时的喜悦。只有对学生有永无止境的爱，你才会从他们身上得到孩子们对你的喜欢。记得有一天，因为自身原因，前一天请假没有上班。第二天早上，在二年级一班上完早读后，碰到了一年级二班的小可爱们在楼道排队上早操。然后好多小朋友过来抱着我，向我问好。其中有个小朋友说："马老师，我想你了。"一天的温暖和感动就此开始，每天的幸福生活也乐此不疲。课间操时偷偷过去蒙着一个小男孩的眼睛。"马老师！""你怎么知道是我啊？""因为你身上有一股味道啊。""什么味道？""马老师的味道。""马老师的什么味道？""嗯，我喜欢的味道。"真的是被孩子的天真打动，也被他们的喜欢所打动。

倒计时第 30 天，这一天因为感冒难受嗓子沙哑，上完课，一个小可爱拿着他的水杯打开盖子给我。"老师，你喝水。"那一刻，所有的辛苦都值得了。

人啊，难受的时候就很脆弱。那一刻，差点就泪奔了。他们是冬日里的一缕阳光，温暖了我的心。还记得之后和他们的谈话："马老师对你好不好啊？""嗯，好啊。""那马老师要是走了你会不会难过啊？""会啊，肯定会啊！""嗯……那就祝你一路顺风吧！"最纯真的言语、最温暖的祝福，也愿他们有一生的天真与骄傲。

倒计时0天，要离开了。如果说，当初种种只是对支教生活的憧憬和想象。那么在这4个月的执教过程中，我真真切切地感受到了平淡。回味这4个月，支教的生活就像一杯淡茶，虽无浓郁色泽和醇香之味，但细细品茗，淡淡的茶香依然让人回味无穷。平淡，一种至美的境界，我相信我会把它永远铭于心，慢领其中韵味。人生几何，岁月匆匆，感谢师范大学的顶岗支教实习让我拥有了这段经历。对于这段支教生活，我只想说："简单并快乐着，平淡并享受着，付出并收获着！"

观门街小学是我人生中的一个驿站，它将激励着我不断前进，不断奋斗；它将是我开启下一站传奇的直通卡，让我身经百战，所向披靡。路漫漫其修远兮，吾将上下而求索！

顶岗支教实习学校：西宁市观门街小学

思政育人

张宇洁

人生总有许多的第一次，而初为人师，对师范生的我而言却是件极具挑战、颇具诱惑的事。3月14日，我怀着兴奋的心情来到了大通县第四完全小学，开始了一学期的顶岗支教实习，实习期间的点点滴滴、酸甜苦辣，让我体验到了太阳底下最光荣事业的崇高和艰辛。

在顶岗支教实习的过程中，我时刻牢记为人师表，充分发挥主观能动性，把在大学课堂上所学的理论知识和实际相结合，在实践中学、在学中实践，认真开展教育教学和班主任工作，认认真真、踏踏实实、勤勤恳恳、任劳任怨，我付出了很多，但也收获了很多。在整个实习阶段，我从一个只会"纸上谈教"的大学生到一个能在课堂上"讲课自如"的准老师；从一个没有经验的师范生，到有一定处理能力的老师，这一切无不证明了我所付出的每一分耕耘所得到的收获。

上岗前期动员

我们到达支教实习地大通县后，大通县教育局的领导开了一个简短的会议，对我们的生活、学习、请假制度等方面做了要求。紧接着各个学校的负责老师就来接我们顶岗支教实习生了。包括我在内的7名同学分到了第四完全小学，这所学校在县城，条件不算艰苦。到达学校后，蒋主任对我们的顶岗支教实习工作做了初步安排，并向我们介绍了学校的基本情况，他希望每个顶岗支教实习生都能严格要求自己，德高为师，身正为范，时刻注意为人师表。晚上，顶岗支教实习团队带队老师召开了一次简单的会议，强调了各项实习工作的安排和实习期间的注意事项。现在想来，正是因为有这些统筹安排，我的顶岗支教实习才能这么顺利地进行。

下沉教学实境

出于教学科目与所学专业对口的考虑，四完小领导给我安排了一年级（6）班和（7）班、二年级（2）班、五年级（4）班和（5）班的"道德与法治"课程。至此，正式开启了我的教学生涯。第一次站上讲台，我发现真正的小学课堂与大学里微课录课完全不同，特别是一年级的课堂，纪律问题让我万分头痛。开始教学的第一周，课堂中应接不暇的突发情况让我这个新手老师措手不及。我在讲台上讲课时，下面的小朋友在教室里跑成一团，我问他们："你们跑过去干什么？""老师，我去借个橡皮擦。""老师，我去拿个尺子。""老师，我去拿个铅笔。"让我记忆最深刻的理由是："老师，他瞅我"，当时的我呆在了原地，不知如何回答，混乱的一节课就这样结束了。

下课后，我仔细琢磨如何解决课堂纪律混乱问题，如果这个问题解决不了，教学质量又如何保证？百思不得其解，于是我去请教了指导老师，指导老师教了我一个小妙招，上课之前让学生静坐5分钟，既能锻炼他们的定力，还能让他们将注意力收回到课堂中。带着这个小妙招，我开始了第二堂课，课堂纪律明显有所改善，经过一段时间的课前5分钟静坐以及我在课堂上时不时强调课堂纪律，比如，上课时不能乱跑，讲话时要先举手等，一年级课堂纪律有了很大进步，在此过程中我也品尝到了初为人师的成就感。

保护幼小心灵

二年级有一个名叫张小明的小男生让我记忆深刻。我第一天去的时候，小张同学有点调皮捣蛋但又有一些木讷。我走进教室的时候，小朋友们说小张同学是个"傻子"，又笨又傻。当时我惊呆了，心想"怎么能这样子说人家呢?"被说的小张也只是笑一笑没有反应。之后，小朋友们告诉我说"小张同学经常考试不及格，开火车也不会"。后来我想：这样不行！这不利于孩子心理的健康发展，虽然他自己不说，但心里肯定会不舒服，不论谁在班里被起外号都会不舒服。

关于小张同学，我也侧面向其他老师了解一番，隐隐约约我发现可能和他的原生家庭有关，他可能是个孤儿，再加上他本身的性格也不大喜欢表达，因此班里学习好的孩子会产生他不行、他是坏孩子的这种想法。后来每次上课，我都会有意叫小张同学回答一些简单的问题，回答完之后给他一些鼓励，慢慢地发现他会主动举手回答问题，上课也变得比较积极。趁着学校举办的心理辅导活动，我刻意选择了"给别人起外号不好"这一主题，在活动中通过情景式教育、换位思考方式增强孩子们的共情能力，让他们明白给别人起外号是不正确的行为。自此之后，同学们再也不叫他之前的外号了。

光阴带走了这几个月以来的点点滴滴，却为我留下了众多的温暖与感动。这次顶岗支教实习是我人生当中最有纪念意义的经历。在顶岗支教实习之初，我并没有想到它会给我带来这么深的感悟：顶岗支教实习不仅教会了我教学方面的知识，更重要的是，它让我学会了如何去爱每一个孩子，让我深深地感受到责任与爱对教师这一职业的重要意义。

顶岗支教实习学校：大通县第四完全小学

携手并进，共同成长

习 宏

转眼间，愉快而又艰辛的顶岗支教实习工作已接近尾声。回想起我们刚到囊谦县的那天，年少的我们捧着一颗颗热情、兴奋而充满期待的心来到了第三完全小学。一种难以言喻的兴奋和忐忑涌上心头，一个个沉甸甸的问号在我的脑海中萦绕，我不停地问自己，作为一个顶岗支教实习生，我能胜任这份工作吗，我能给学生带来一点进步吗，学生会喜欢我吗，等等，一系列的问题在我脑海中呈现。

进校后，第三完全小学教务处主任安排我上一至三年级学生的体育课，然而我的大学本科专业为化学。在刚接到自己要上体育课的通知时，我心里想着体育课应该没什么难度，所以我根本就没有把这件事放在心上。可到了上第一节课时才知道错得离谱，由于我从来没有过上体育课的经历，并且也没有好好备课，所以第一节课不出意外地以失败而告终。在这堂体育课上，我从学生们的眼神里看到了对学习知识的渴望、对体育课的热爱，所以我当时特别后悔，后悔自己原先幼稚的想法和做法。

从那以后我就转变了思想认识，体育是教育的重要组成部分，在增强学生体质，促进学生身体及其机能的正常发展中担当着不可或缺的角色。于是，我开始把体育课当作专业课来对待，认真备课、上课，同时利用各种机会丰富自己的体育知识，形成比较完整的知识结构。通过上课我看到了自己的许多不足之处，明白了成为一名优秀教师所需付出的艰辛和劳累。经过不断的实践和反思，我逐渐知道如何当好一名"体育老师"了。

我一个星期有14节体育课，有时别的老师请假了就会承担更多的课程，但是我从来没有感觉过累。我带的班级中有一年级的学生，他们刚刚开始小学学习生涯，很多东西并不清楚，刚开始的时候他们连站队都站不齐，排好了位置下一次上课就又忘了，我往往需要再一次花费十几二十分钟时间去整理队形，让他们看好自己的位置，再慢慢让他们学习左转和右转的动作，以及反应速度和整齐度，教他们去听口令踏步，再由踏步变为齐步走，再从齐步走变成跑步，然后立定，这个循环动作做下来需要很长时间和功力，还需要学生们自己的努力。但这并不是最困难的地方，在最初的一两个星期，一年级的学生根本就不听我讲的话，上课的时候自己玩自己的，列队集合时也不听指挥、到处乱跑，当时心里有点难受，也有点失落，但是看到他们活泼可爱的身影，我顿时什么感受、什么想法都没有了。

我的愿望只有一个，那就是让他们多学一点知识和技能，我一直在反思是不是自己的上课方式存在问题，导致教学效果没有达到预期。于是我尝试改变上课方式，使教学方法游戏化，通过把游戏融入课堂中来，寓教于乐。果然，这样的方式非常有效，学生们平时的学业压力很大，以游戏的方式上体育课，可以缓解他们的心理压力，还能让他们得到很好的放松。游戏具有趣味性和竞争性，对学生有着较大的吸引力，有利于集中学生注意力，调动学生的积极性。从那以后，孩子们对体育课的热情和主动性有了明显提高，而且也开始听话了，不在课堂上讲话、打闹和做与课堂无关的事情。学生们也逐渐喜欢上我的体育课，逐渐喜欢我这个体育老师了。

由于一至三年级学生的体育课都由我负责，不同年级的学生特点不同，即使是同一年级的学生也存在不同的兴趣需要和发展水平，因此，从学生实际出发，运用合理的方式因材施教是十分必要的。教学有法，教无定法，贵在得法，这就要求教师能根据教学目标、教学内容以及学生的实际情况选择合适的教学方法。在我的体育课堂中，我采用了"分层教学法"，即根据学生的运动能力以及身体素质的不同，分出不同的教学层次，并对不同的层次采取不同的教学方法，提出不同的目标和要求，从而使不同水平的学生都有收获，都能体验到体育课的快乐。例如，在锻炼学生跑步能力的时候，对于身体素质较好且好胜心强的学生，直接采取比赛的方式帮助他们提高能力，而对于身体素质较差，对跑步又没有兴趣的学生，我通过组织一些游戏，如"老鹰抓小鸡"之类，让学生在玩的过程中就加强了腿部活动，同样也能达到锻炼的效果。在这样的体育教学中，每个学生都处于积极活跃的练习状态，每位学生都有所得。

我们顶岗支教实习已经 4 个月了。虽然几个月时间不算太长，但是感受颇多，体育老师并不像我们看起来的那么轻松。我感觉自己在一天天成长，在教案的准备、上课技巧、课堂管理等方面都有了很大进步。在和孩子们接触的这段时间里也学到了许多、明白了许多，作为一名人民教师，首要的是一颗耐心教导、热爱学生的心，"education" 翻译过来就是"爱就开心"。

"工欲善其事，必先利其器"，面向未来我要提高自己各方面的能力。希望将来我能成为一个能给学生们留下深刻印象的"四有"好老师，并且也会努力培养德智体美劳全面发展的学生，这是我奋斗和追求的目标。

顶岗支教实习学校：囊谦县第三完全小学

成长路上我们一路同行

亚玛太

> 理论所不能解决的那些疑难，实践会给你解决。
>
> ——费尔巴哈①

光阴似箭，日月如梭，已难以用语言形容顶岗支教实习生活的飞快。在不知不觉中，顶岗支教生活已接近尾声，回想起这几个月的生活，有过欢笑，有过泪水，有过感动。可以说，在无意识中，我已融入这个大集体中了，我把自己看作顶岗支教实习学校的一分子，全身心地投入工作中。仔细回忆这几个月的顶岗支教实习经历，虽然累，有时候也会有些许抱怨，但更多的是收获与成长。在这段时间里，我学到了很多在大学课堂里学不到的东西，也体验了从未有过的人生。

9月14日上午，我们向着湟中区群加乡民族中心学校出发，踏上了熟悉的扎哈公路，群加是国家森林公园，自然风光奇特秀美，历史文化源远流长，民风民情古朴神秘，被誉为"高原绿色明珠"。此前，我和朋友来过群加几次，但从未想过有一天会来这儿当教师。一路上，我们欣赏着自然美景，谈论着即将开启的支教生活，不知不觉间便到达了顶岗支教实习地点——湟中县群加乡民族中心学校，这是一所九年一贯制的民族学校，全校189个学生，49名教职员工。

到达顶岗支教实习学校的第二天，在当地学校领导的安排下，我们了解了自己的实习任务。我的主要任务是协助指导老师开展六年级语文教学。于

---

① 费尔巴哈是德国著名哲学家、法学家，曾师从黑格尔，是"青年黑格尔学派"的成员，代表作有《论死与不朽》《黑格尔哲学的批判》等。

是，在空余时间，我便开始准备六年级所有语文课，因为我不知道指导老师可能会让我讲哪一篇课文。于是，我便去学校教务主任那里领取语文教材，把教材整体浏览了一遍，然后对整个学期的教学进行设计、规划。备好课是上好课的前提，是整个教学活动的首要环节，所以我便开始着手撰写教案，不仅备知识点，还备学生，设计好教学过程，为第一次上讲台做准备。

从顶岗支教实习的第三周开始，我便开始真正体验语文课堂教学。真实的语文课堂与大学里组织的微课录课是完全不一样的。在微课教室里，我们面对的是自己的同学，每位同学配合默契。但是，在真实的课堂中，学生的水平参差不齐，知识掌握程度不一样，接受新知识的速度也不一样，课堂教学过程中出现的情况也总是在意料之外。

上课的时候，由于我低估了学生的真实水平，导致自己在实习期间犯了一个很大的错误。由于学生在小学语文学习方面存在个体差异，所以很难把握他们对知识的掌握程度。在上课的过程中，我曾为了达到自己既定的课堂教学目标，而将语言知识点过分简化，对一些相对复杂的知识点一带而过。一堂课中对学生全是机械性的教学与学习操练，刚开始学生们还很感兴趣，很配合，但随着时间的推移，不仅学生觉得疲惫，而且学习效果也比较差。针对存在的这些问题，我也不断反思再反思。经过认真反思，我发现自己在教学活动中最缺乏的就是语言知识点的运用，学生的学习只是停留在认知层面，很少运用所学知识。在随后的教学实践中，我果断改掉了平日机械的上课方式，将知识点的讲解、上课幽默感的操练及语言知识点的拓展融为一体，以学生为本，讲练结合，这样学生学习的效果逐步变好。

在临近期中考试的那段时间里，我每天利用空余时间组织学生做练习题。一分耕耘一分收获，在期中考试中，我们班的平均分是同年级班级中最高的，这一点让我感到十分欣慰。在支教实习中，我发现用奖励的方法调动学生学习的积极性是一个不错的办法。在教学过程中有些学生不愿意听课了，开始玩了，于是我在想如果继续这样下去，前面取得的成绩也就化为乌有了。于是我便找了个时间向他们宣布以后的语文课堂赏罚分明，并且向他们宣读了奖惩规则。从第二节课开始学生们便积极表现，他们的活力又回来了，看到他们那活跃的样子，我十分开心，之后他们中的大部分学生都能做到每节课认真听课并完成布置的作业任务。一周后我也说到做到，根据他们一周的表现对部分同学奖励铅笔和笔记本。那些没有得到奖品的孩子表现出了难过，并向我表示下次一定会得到奖品。

光阴带走了这几个月的点点滴滴，也为我留下来了数不尽的温暖与感动，这一次的顶岗支教实习经历是我人生当中最有纪念意义的回忆。它不仅让我收获了语文教学方面的知识，更重要的是，它让我学会去感受生活中的点点滴滴，使我真正体会到教师这个职业带给我的乐趣和幸福感。在获得幸福感的同时，我也进一步坚定了自我的选择，增强了对教师这一职业的认同。

青藏高原是我出生的地方，亦是哺育我成长的地方，我离开故乡求学，我也必将回到故乡。作为高原上的一朵"格桑花"，我也将秉承"特别能吃苦、特别能战斗、特别能忍耐、特别能团结、特别能奉献"① 的精神，扎根实践，踔厉奋发，以优秀教师为榜样，以先进事迹为模范，努力争做"有理想信念、有道德情操、有扎实学识、有仁爱之心"② 的四有好老师！

顶岗支教实习学校：湟中区群加乡民族中心学校

---

① 梁照."老西藏精神"的时代价值［EB/OL］.中国共产党新闻网，2015-10-21.
② 罗容海."四有"好老师怎样炼成［N］.光明日报，2023-06-12（2）.

播下梦想的种子

安桂菊

顶岗支教实习是师范专业人才培养过程中一个重要的实践性教育环节，是师范生走出校园、走上讲台的重要过程。根据学校安排，此次顶岗支教实习我来到了湟源县城关第二小学，这是一所拥有 40 多年办学历史的学校，曾获评全国青少年校园排球特色学校，是第三批全国中小学中华优秀传统文化传承学校，当地很多家长以孩子在这所学校就读而自豪。支教实习学校给我安排的教学任务是四年级、五年级的科学和四年级（1）班、（2）班的音乐和体育。几个月的顶岗支教实习时间虽然短暂，但这段难忘的经历让我获益良多，受益匪浅。

观摩与教学

初来湟源县城关第二小学，对这里的一切还不熟悉，所以在这个阶段，我主要是观摩优秀教师的课堂教学，学习老教师的教学方法、讲课方式、课堂设计，总结教学技巧。我旁听了 8 节老教师的课程，通过观摩他们的课堂教学，总结出了优秀教师讲课的要点：教师首先根据课文的写作背景采用不同的方式导入课程，吸引学生的兴趣；其次，介绍课文背景知识及作者生平；再次，为学生搭建文章框架，逐段分析，引导学生感悟作者思想情感；最后，概括文章主旨，并根据课文内容对学生进行提问，考查学生对文章内容的掌握程度。

通过观摩老教师的教学活动，我基本掌握了教学实践活动中的诀窍，但是要讲好一堂课，还需要亲自上台接受检验。因此，在指导教师的指导和帮助下，我开始组织和开展教学活动。在此过程中，很荣幸有机会参加四年级的公开课展示，为此我也尽我所能做好课前准备，用心设计教学活动，并与指导老师反复沟通教学过程；选择适宜的教学方法，关注课堂重难点的突出……在空余时间，我也反复模拟练习，希望能够为全校师生带来一节不错的公开课。"一份付出，一分收获"，这节公开课也得到了校长、主任、老师们的认可："台风好、设计新颖、课堂氛围热烈"。但同时也存在许多不足，他们也毫无保留地提出了建议和想法："教学过程中无效提问较多，没有在关键处提出关键问题；教学语言不够精准，不够精练；口头禅、口误现象较严重；教学过程速度过快，评价语言有些单一"。我认真听取了老师们的建议和意见，并在之后的教学过程中不断克服自己存在的不足。

积极反思

"见贤思齐"，在整个顶岗支教实习中，我观摩了许多优秀教师的课堂，并积极进行自我反思。在空闲的时间里我也会整理之前的教案、PPT以及课后反思，并结合指导教师的建议对自己的不足进行查漏补缺，在反思的过程中我发现，成长的不只是学生，还有我自己，并且在与学生交往的过程中，发现我们既不能做到让学生敬而远之，又不能做到让学生爱而围之，在不长不短的顶岗支教实习中，我总结出了以下两点经验。

第一，教什么？在这4个月中，从和孩子们见面第一天起我就在思考，我们要教给学生什么。我们面对的是"10后"的孩子，这批孩子心里想的是什么，他们现在需要什么，而未来的时代又需要这批孩子是什么样的？作为一名顶岗支教实习语文教师，我深知不能只注重课本知识的传授，在课余时间，我也经常与其他有经验的教师进行讨论，并在教学实践中不断探究，结合实践经验，我认为应该教给或者培养学生爱读书的习惯。读史可以明智，读书可以明道，我希望他们能够爱上阅读，从书中去体会和感悟这个世界的美好，在书中去探索这个世界无穷的奥秘。

第二，怎么教？苏霍姆林斯基曾说："我深信，只有能够去激发学生进行自我教育，才是真正的教育。"① 学生是学习的主人，而老师只是学生的引导者、引路人。在教育教学中我发现，不管是传统的"教师讲，学生听"，还是改革后的"教师拨，学生转"，核心思想都是坚持以教师为中心，强调的是学生的自悟探究。"自悟"便是学生形成自我教育的途径，在"读"的基础上，"悟"出精髓。我们要教会孩子学习的方法，而不是简单地告诉学生问题的答案，在教学活动中，应逐渐培养和提高学生的探究精神和探究能力。

时间如白驹过隙，在疲劳与充实中，我顺利地完成了顶岗支教实习工作，并且在这期间，和每位支教实习生一样，我经历了许多的第一次。第一次承担一个班的教学工作，熟悉了49张陌生而又热情的脸庞；第一次走上讲台，拿起粉笔，完成从学生到教师角色的转换；第一次批改作业；第一次听到有人对我说"老师好"。4个月的时间里，我收获颇多，体会了作为一名老师的艰辛与劳累，也明白了作为一名老师的光荣与责任。

总而言之，此次顶岗支教实习使我获益匪浅。我获得了前所未有的对待工作的细心认真的力量，我认识到了自己的不足，当然我也进一步坚定了自己的理想信念——成为一名人民教师，以时不我待、只争朝夕的精神状态，以赤诚之心、奉献之心、仁爱之心投入高原教育的发展之中，在教书育人的事业中奉献自己的青春生命，实现自己的理想抱负，体现自己的人生价值。

顶岗支教实习学校：湟源县城关第二小学

---

① 苏霍姆林斯基. 给教师的建议［M］. 杜殿坤，译. 北京：教育科学出版社，1984：350.

筑梦，逐梦，圆梦

才仁巴吉

琐碎的日子就像水泥和沙石一样，既可以砌成伟大的建筑，也可以最终无所用处，永远只是一堆水泥和沙石。与红旗小学的学生在一起，我经历了许许多多的第一次，从最初的紧张、迷茫，开始变得适应、从容。

梦之伊始

从到达顶岗支教实习学校起我就担任了几个月的三年级（3）班的语文任课老师，之后换到了一年级（5）班，教授了一个多月的语文课程，后来又代了两个星期的五年级语文课，最后在一年级（6）班的语文课程中结束了实习生涯。

最初带三年级时，学校的校长和指导老师都对我说，这个班级相比同年级其他班级的学生，不但班里大多数学生是从小在福利院生活、缺少关爱，而且也没有养成良好的学习习惯。了解到学生的基本情况后，我有点紧张。迎来自己的第一批学生，我希望可以用自己的热情和爱让他们感受到这个世界的温暖和精彩，可现实却不尽如人意，第一节课在56个学生的吵闹中结束，随之而来的是交不齐的作业、上课时的混乱。于是，我开始不断地反思原因，并寻找改善的方法。

由于班内很多孩子都没有父母，他们回家后身边没有教育和陪伴的人，在这种情况下他们的学习积极性普遍不足，作业完成质量较低。都说父母是孩子的第一任老师，孩子会模仿父母的行为，而没有父母在身边，没有人能够为他们指引方向，这样他们的成长方向也十分迷茫。与此伴生的其他问题也比较明显。比如，他们的纪律意识比较淡薄，上课不遵守纪律，扰乱课堂秩序，使课程常常无法正常进行。对此，我在以后的教学和生活中，格外注意多关心爱护学生，为学生创设良好的成长环境，使学生的各种缺失性需要得到满足。在学校里，这些学生最主要的缺失性需要是爱和自尊，只有关爱、尊重学生的教师才能让学生产生学习的热情。

为了做好课堂教学，我还经常去听课，认真学习其他教师是如何管理课堂的，并把老教师们使用的一些好的教学技巧详细地记录下来，然后做好归纳和总结，以方便在后续的课堂中借鉴使用。在备课时，我认真查找资料，根据学生的特点选择适宜的教学方法。备完课后，我把教案、课件、教学设计的想法等告诉指导教师，寻求指导教师的帮助。在上课时，我根据学生的具体情况，灵活地运用这些技巧。经过一段时间的实践，课堂秩序逐渐好转，学生的学习积极性也提高了。

心之所向

在 4 月 27 日那天，我迎来了当教师后的第一节公开课，我选择了《宇宙的另一边》这篇课文。正式上课之前面对着十几位听课的老师，我有种想逃到宇宙另一边的冲动。可当上课铃声响起，一切尘埃落定，我反而多了一份从容不迫。《宇宙的另一边》描写了"我"对宇宙另一边世界的畅想，充满了丰富的想象。所以本篇课文我重点抓了两方面：一是体会"我"想象中宇宙另一边的神奇，二是由"我"的想象激发学生的想象，让学生自由畅想宇宙的另一边还会有哪些秘密。针对第一点，体会宇宙另一边的神奇，我引导学生结合生活中照镜子的体验，帮助他们了解"倒影"与实体的相关性。这样孩子们就很容易理解为什么宇宙另一边的世界与这边是相反的了。针对第二点，有些学生没有打开思路，我从具体语句中慢慢引导，由细节想象入手，如另一边的自然界还有可能是什么样的呢？由一个点的想象扩散到越来丰富的想象中，让学生逐渐进入了无拘无束的想象世界。

评课时老师们指出了我的教学过程中存在的问题：在生字教学环节中，

"秘"和"密"可以放在一起指导，引导学生比较结构的异同；教师的表扬用语可以再提升一点，要具体和有变化，避免重复使用简单言词；让学生朗读时，要注意多样性……根据老师们提的建议，我认真进行了反思，在之后的教学过程中也一直将这些要点铭记在心，做到一切为了学生的发展。同时这也使我明白，上好一堂语文课不是一朝一夕、一蹴而就的，它需要不懈摸索、不断总结，不断向更高的台阶努力。

行之所往

顶岗支教实习是我踏入社会的第一步，也是我们真正踏上工作岗位的垫脚石。只有这一步走稳了，后面的路才会更顺利。以前我一直对自己的能力充满信心，但是在顶岗实习过程中我感觉到了自己所学知识的浅薄和在实际运用中专业知识的匮乏，这时才真正领悟到"学无止境"的含义。

通过本次支教实习也让我深深明白，在工作中与同事处理好关系也是非常重要的。我们作为当代大学生，要通过各种渠道不断改掉自己的缺点，让自己慢慢变得成熟起来，尽早适应社会，而人际沟通是最基本的技能。我们顶岗支教实习生与指导老师的相处方式就像好友，有什么疑难问题就直接找指导教师询问，指导教师会耐心指导。当然指导教师有什么需要我们也会爽快地帮忙。在这样轻松的环境里相互学习、相互合作，开展工作才会顺利很多。

在这次顶岗支教实习中，我努力提升自己的教育教学水平，其间经历了很多挫折，也逐渐适应了高强度的工作环境，开始慢慢地成长、慢慢地成熟。正所谓"不经历风雨，哪能见彩虹"。简单来说，就是要通过各种考验和磨砺，才能真正地成长。

心之所安

时间如白驹过隙，转眼间实习期已然结束。虽然时间很短，但我学到的知识与技能是不可估量的。这离不开各位老师和前辈对我的悉心照顾与耐心教导。我始终把向前辈们学习作为获得知识、掌握方法、提高能力、解决问题的一条重要途径和方法，切实做到用知识武装头脑，用行动推动工作，把自己所学的理论和实践知识，运用到实际工作中去，使自己所学的知识有用武之地。劳动是知识的源泉，知识是生活的指南，在今后的任何一个人生阶段，我会继续努力拼搏，抓住每一个机遇，迎接每一个挑战。

顶岗支教实习学校：玉树州红旗小学

铭记心中点滴，抒发支教情怀

胡小花

　　梦想，一个富有色彩的字眼，一个令我沉迷的词。梦想是我们每一位追梦者心中的春雨，是它滋润了我们成长中的小树；梦想是我们每一位追梦者人生中的船帆，是它带领我们驶向远方；梦想是我们每一位追梦者前进的动力，是它让我们的人生更加璀璨。我一直都觉得我是一个特别幸福的人，因为我有一个指引我前进的梦——成为一名人民教师。

　　很幸运于9月4日，我伴随着梦想走进了人生中最重要的一次旅程——顶岗支教。当天早晨，在带队老师的带领下我们来到了期待已久的实习学校——周家泉小学，从那天开始就注定了我将会在这个地方拥有属于我自己的一段特殊经历。在这段支教时光里，我紧张过、伤心过、努力过、开心过、醒悟过、自信过。这些从未有过的经历让我进步了、成长了，学会了一些在大学里无法体会到的东西。顶岗支教实习的确是我人生中一次有意义的阅历。

　　在周家泉小学，我担任过三年级（1）和（2）班，以及五年级（1）班的英语教学工作，其实这个学校不是缺老师，而是老师外出接受培训了，我才有站在讲台上讲课的机会，所以我对每一次站在讲台上的机会都非常珍惜。当我正式走上讲台，迎来了我的第一批学生，也就是那个时候，第一次有人称呼我为"胡老师"。当一双双大眼睛齐刷刷地看向我，我竟有些不知所措。记得第一节课是英语课，我前一天晚上认真研读了教材，写好了上课教案，自认为作为一名师范生，对付这帮小学生，应该绰绰有余。但站在讲台上的那一刹那，当我看见孩子们那渴望求知的清澈眼神时，我突然明白我要做的还有更多，这一切只是刚刚开始，我之前所拥有的优越感都没了，剩下的只有沉甸甸的责任感，我要对我的学生负责。

在青藏高原干渴的土地上，我愿做一瓢水。这份艰巨的责任感让我觉得教学真的不是一项简单的工作。在我代课的那一个月里，每天从早到晚，我都在和三年级（1）、（2）班的孩子们打交道，班里的孩子们虽然调皮，惹我生气，但带给我的仍旧是许多的感动。两个班的学生大多都在9~10岁，正是活泼好动的年龄，孩子们需要一段时间适应，因此在刚开学的时候，为了让孩子们养成良好的学习习惯实在是让我花费了不少工夫。

孩子们上课不能安心听讲、总是喜欢告状，这些行为非常影响课堂效果。很多次让我感到无从下手，好在我的指导老师给予我极大的帮助，她将多年的教学经验传授给我，并且亲手协助和指导我，包括为孩子们营造良好的学习氛围，在课堂教学中丰富教学活动，采用多元化的教学方式吸引学生的注意力，与那些注意力不集中的孩子进行及时有效的沟通，积极引导学生端正自身态度并克服困难等。都说功夫不负有心人，在顶岗支教实习大概一个月以后，孩子们逐渐养成了良好的习惯，慢慢地，我对这一工作岗位也越来越得心应手，那时真心觉得教学是一种良心活。

当然在累与教的同时，我同样深感生命的幸运与馈赠。他们是我教师生涯中的第一批学生，我很珍惜他们，在这里我收获了太多的感动……记得那是我作为教师的第一个教师节，我当时心想：我才刚来这所学校，应该不会有学生送温暖给我的。可意想不到的是，就是那天我收到了来自一位英语课代表的爱。当时我从教室里回来，便发现我的桌子上有个小盆栽，上面写道："亲爱的胡老师，这是我在家自己种的盆栽，生命力可顽强了。不知道您是否喜欢它，希望您有了它的陪伴能够越来越顽强，希望您能一直当我的英语老师。"当时我的眼睛湿润了，有一朵幸福的花儿在我的心头悄然绽放。

还有一次，学习委员将堆积如山的作业摆放在我面前，我当时觉得有无形的压力压在我的肩上，让我喘不过气来。因为除了作业以外，我还要处理学校行政管理上的工作，可是我只能微笑面对。当时学习委员刚走到门口又返回来问了我一句："胡老师，我帮你一起改吧，这样你会轻松一些。"这句话看似很简单，却饱含了雪中送炭的温暖。这时，一股暖流传遍了我的全身……

我深感自己是个幸运的人，很幸运地认识了这样一群天真善良的孩子，很幸运地认识了支教学校里每一位乐于助人的老师，很幸运认识了和我朝夕相伴、相互支持、相互鼓励的支教团的伙伴们。同时也很感谢周家泉小学给予我的实习平台和机会，是你们让我学会了成熟，学会了用成人的思维思考问题。回想支教的时光，首先想到的就是一些小事，一些小到不起眼的感动。这与一开始轰轰烈烈大干一场的想法不同，支教生活是平淡的，然而我却被这些点滴"小事"感动。

我开始领悟到，正是因为这些小小的感动，平凡的生活才会这么伟大——我走进了孩子们的心里，看到了美好，又培育了美好。对一名顶岗实习生而言，还有比这更伟大、更轰轰烈烈的事吗？支教的意义，也尽在于此。追梦之路，累并幸福着。

顶岗支教实习学校：西宁市城东区周家泉小学

做一名合格的历史老师

张晓燕

初至这片充满希望的土地，迈入教室便迎来了那一双双清澈而又饱含期待的眼眸，激动顿时涌上心头。我承担的是七年级历史，这是一门承载着厚重岁月和丰富文化的学科，它宛如一座蕴藏无尽奥秘的宝库一样魅力无限。但是这里的孩子们对历史的了解仅停留在表面的枯燥陈述，缺乏深度的领悟与思考。

初上历史课

为了激发孩子们对历史学习的热情，我努力上好每一节课，教好每一个学生。上课的时候，以梦幻的故事为导入，将历史事件化作生动的画卷徐徐展开。比如，讲述秦始皇统一六国之时，我会绘声绘色地讲述他作为政治家、军事家的雄韬伟略。孩子们瞬间被深深吸引，课堂变成了穿越时空的隧道，气氛热烈而活跃。但我深知，仅靠故事的魅力还远远不够，更关键的是要激发他们自主学习、自主思考的兴趣。

于是，我开始尝试运用小组讨论的方式。当讲解汉武帝的统治策略时，我抛出一连串的问题："汉武帝为何要推行推恩令，这一举措给当时的社会带来了何种深远影响？"孩子们迅速分组，展开激烈而又精彩的思想交锋，各抒己见，灵光闪烁。通过这样的方式，他们不仅磨砺了思维的锋芒，更学会了从多元的视角审视历史的谜题。

在此过程当中，我也遭遇过教学困境。在阐释古代政治制度的复杂架构时，无论我如何竭尽所能地讲解，孩子们依旧满脸迷茫，不知所措。那一刻，我开始思考教学方法是否出现了偏差，于是我便请教办公室更为资深的老师，并依据孩子们的认知水平和兴趣点，灵活调整教学内容与方式。

随后，我大胆尝试角色扮演的方法。让孩子们分别扮演不同朝代的帝王将相、平民百姓，亲身感受政治制度的运作影响。这一次，那些看似遥不可及的复杂制度，终于在孩子们的心中清晰明了了，他们对历史的热爱也越发炽热。

时光悄然流转，经过一段时间的不断调整和努力，我欣喜地看到孩子们在学习态度与方法上发生的显著变化。曾经对历史感到索然无味的学生，如今都主动捧起历史书，沉醉其中，还会在课堂上勇敢地表达颇具深度的思考。有个叫马佳豪的学生，起初对历史毫无兴趣，成绩也不尽如人意。然而，在那次关于丝绸之路的专题课上，他被充满传奇色彩的贸易通道深深吸引，课后主动查阅历史资料，并在下次课上与同学们分享他的独特发现。自此，马佳豪同学对历史的热情犹如燎原之火，随之成绩也得到稳步提升。

探索教学方法

后来我组织了一场别开生面的历史知识竞赛。同学们需要从我的手中抽取人物卡牌、事件卡牌，并串联相关知识点，从而更好地完成知识的整合。在这次竞赛中，平日里羞怯内向的马雪蕾回答问题逻辑清晰，有条不紊。当她收获全场雷鸣般的掌声时，我清晰地看到她眼中那自信的光芒。自那以后，她在课堂上变得越发积极主动，课后还经常到我的办公室问问题，学习成绩也开始稳步上升。

这件事让我深深地认识到，教学方法的探索之路永无止境。后来在教学中，除了传统的言传身教，我还巧妙引入多媒体资源。通过播放震撼人心的历史纪录片、展示美轮美奂的图片和生动有趣的动画，让历史从泛黄的书页中鲜活起来，跃然眼前。例如，在解读长城的伟大建造历程时，我播放了一段展现长城历史变迁的纪录片。孩子们仿佛穿越时空，亲眼看见长城在岁月洗礼中的沧桑巨变，亲身感受古人的非凡智慧与坚韧毅力。这种视觉与听觉的双重冲击，在他们心中种下了一颗热爱历史的种子，迅速生根发芽。

面对学生层次差异的现实困境，我果断采取分层教学的策略。依据学生的学习能力和基础知识储备，将他们细分为不同的小组，为每个小组量身定制专属的学习目标和任务。对于基础扎实、思维敏捷的学生，我精心准备拓展性的学习素材和具有挑战性的深度问题，激励他们勇攀知识的高峰；对于基础薄弱、尚在起步阶段的学生，我则将重点放在基础知识的巩固和学习方法的悉心指导上。

在教学中我比较注意向其他老师学习。5月的一次公开课上，我在讲解郑和下西洋的相关知识点时，由于时间把控失误，课堂分析史料过多，导致课堂结尾略显仓促。课后，我虚心向经验丰富的赵老师请教。赵老师根据他多年的教学经验，提出了一系列改进建议，如在备课过程中要规划好时间、合理巧妙地安排教学环节等。

回首这段意义非凡的支教岁月，心中感慨如潮涌。课间的欢笑、课后的交流，那些纯真的笑容和无忌的童言，如同春天里绽放的花朵，点缀了我的世界；我们一起在操场上追逐奔跑，一起在树荫下探讨未来，每一个瞬间都定格成永恒的画面。我也从最初的迷茫到拨云见日，从摸着石头过河到大胆创新突破，我在教学的广袤天地中实现了自我的成长与升华。

支教之旅已经结束，但这片土地、这些孩子，将永远留在我的心中。他们是我生命中的一道光，照亮了我前行的道路，让我更加坚定地相信，教育是一场温暖的修行，是用生命影响生命、用灵魂唤醒灵魂的过程。面向未来，我将一如既往地砥砺前行，不懈探索，用教育的智慧与力量，为孩子们的成长之路点亮一盏永不熄灭的明灯。我坚信，只要我始终怀揣对教育的赤诚热爱、对孩子们的殷切期望，就一定能够共同铸就更加璀璨辉煌的明天。

顶岗支教实习学校：民和回族土族自治县第三中学

做有信念的教师

昂旺闹布

时钟未曾停摆，地球仍在转动。世界上所有的一切都各司其职，遵循着自然的法则。作为青海的南大门，美丽的囊谦也在这隆冬时节披上了一层白纱。身在其中，感受着一派银装素裹带来的寒意，我不禁想，那附着在这个小镇上的雪是否也天真地认为自己永远不会化为流水？直至冉冉升起的朝阳用温暖的光芒将其融化，淌在枝上、渗进土里，滋养万物。

金秋9月，漫山遍野的绿意还未褪尽，我们乘着长途客车来到了囊谦，开始了顶岗支教实习生活。作为一名师范生，虽然接受了许多与教育教学相关的知识，但也不知怎么了，心里却没有一丁点儿成为人民教师的喜悦，现在想来或许是因为以前接触过的老师承担的任务都太过繁杂，以至于让我这个旁观者都觉得当老师实在是太过劳累。带着这样的一种心情，我开始了初为人师的体验。

在学校的安排下我担任了小学五年级的语文课程教学工作。初次见到班里的学生是因为要在开始任教前听课学习，积累经验。第一次在教室里，我拿着厚厚的笔记本，张望着寻找座位，同学们都很热情，有好几位同学招呼我坐他们旁边，随后我坐了最后一排。在我看来，讲台上老师们的课讲得都很精彩，课文重难点的时间分配合理，课堂效果也不错，这让我有了一丝压力，因为我不清楚自己是否也能像这些老师一样，让我的学生在气氛活跃的课堂上汲取到充足的知识。

我的第一堂课很快来临，我向同学们讲授的是一篇经典中短篇小说《桂花雨》，因为有前一天的准备，所以第一个课时讲下来并没有出现什么问题，但在第二节课却遇到了一些麻烦。当我讲到"桂花摇落以后，挑去小枝小叶，晒上几天太阳，收在铁盒子里，可以加在茶叶里泡茶，过年时还可以做糕饼"时，我问同学们是否知道什么是桂花糕，他们告诉我那是一种吃的，当我继续追问他们有没有人吃过，味道如何时，之前因为抢着发言而略显嘈杂的课堂突然就没了声音，过了一会儿，才陆续有人回答：

"特别甜。"

"酸酸甜甜的。"

"有一点点辣。"

几个略显调皮的学生做出一副吃过的样子，只不过看我的眼神却有些躲闪，像是做错事的"熊孩子"，有些心虚却又极力表现出满不在乎的表情。这时我明白了，坐在教室里的学生都没有尝过，甚至没有见过。他们欲言又止，或带着一丝心虚的表情是我支教生活里最难忘记的情景。单单只是因为没有尝试过一种小吃，原本活跃的课堂变得落针可闻，原本自信满满的学生却哑口无言。在如今大部分人看来简简单单的一道小吃，却难住了这里的孩子。后来我明白了，那不仅仅是由于没有尝过桂花糕，更是因为缺少了一份见识。这种见识的缺失往往代表着"不自信"的高楼又添了一块砖。这堂课结束之后，我在网上订购了桂花糕，经过将近一个星期的等待，我和孩子们一起分享了桂花糕。这时候味蕾接收到的信息反馈给了大脑，他们炯炯有神的眼睛里终于又有了往昔的自信。

每天我尽可能和同学们在一起，与他们谈学习、谈生活中遇到的问题。同学们常常和我谈天，告知我他们生活中的点滴小事，他们的感觉、他们的想法，让我看到了那久违了的纯洁世界，感到那慢慢丰满灵动的心灵世界。交谈中孩子们也慢慢意识到学习学问与拥有良好品性可以帮助他们解决生活中遇到的问题。我从他们的眼睛里看到对生活的纯真想法，对美好将来的憧憬，对广袤世界的期盼。更让我意识到他们对老师的依赖与崇敬，这让我愈加有一种责任感，我必须让自己能成为孩子们成长的导师，而我所欠缺的还许多，无论是学问、涵养、阅历都有待充实。

在这段与孩子们共同学习和生活的日子里，我们一起经历了诗歌朗诵比赛的胜利、期中考试的低迷、日常作业批改的沟通……这些日子有酸有甜，每每想来都令我心中一暖。我渐渐觉得教师职业似乎也并不是以前想象的那么"糟糕"，虽然的确会有点累，但这和学生成长、提升自我水平相比又显得如此微不足道。再回忆起自己支教之前的想法，不禁感慨颇多。作为一名教师，要对学生进行有效的教育，就必须换位思考，倾听学生的心声，了解学生的难处，知道他们在想什么、做什么，有什么高兴的事，有什么烦恼的事，他们学习中有什么成功的地方，有什么困惑。对这些问题有比较清楚的认识，就可以对症下药，有的放矢。所以在了解学生时，就要放下教师的"架子"，平易近人，和蔼可亲，增加亲和力。这样学生就感受到了老师对他们的尊重和关怀，他们就愿意把自己的想法、愿望、要求告诉你，求得老师的关怀和尊重，求得老师的宽容和理解，求得老师的帮助和解惑。这个时候所进行的交流，就是心与心的交流。设身处地为学生们着想，相信他们也会与你一样。由此可知，关爱实施和换位思考是有效教育的前提。

　　再次回想起之前对教师职业的理解，心里难免惭愧，我把教师职业定义得太过狭隘了，对教师职业的理解也过于片面了。教师是有其任务繁杂的一面，但也有着追求幸福、获得幸福的一面。尤其是经过了这次顶岗支教实习，我越发觉得作为一名老师在与孩子们的相处中收获到的幸福与满足，远比日常琐碎繁杂的任务多得多。此次实习之旅也再次坚定了我今后成为一名人民教师的信念。

　　　　　　　　顶岗支教实习学校：囊谦县香达镇中心寄宿制小学

梦开始的地方

马晓霞

盛夏的梧桐树永远茂盛，头顶的骄阳永远热烈，校园里的读书声永远响亮，努力的日子永远发光。

时光荏苒，岁月如梭，转眼间顶岗支教实习生活就结束了。记得刚从学校出发时带队老师为我们讲解顶岗支教实习的注意事项、领导向我们挥手告别、学弟学妹好奇与羡慕的眼神，以及学长学姐的叮嘱与挂念，都无一不提醒着我此次顶岗支教实习必将是责任重大。从离开大学校门的那一刻开始，我就怀着无比激动与忐忑的心情踏上了顶岗支教实习的旅程，坐着大巴车来到了这个民风民俗特别浓厚的地方——化隆县。

我所在的学校是隶属于巴燕镇中心学校完小的下卧力尕小学。下卧力尕小学包含小学和幼儿园两部分，学校有 183 名小学生，43 名幼儿以及 7 位教师。其中 1 位教师是专门负责幼儿园的教师，其他 6 位教师则主要承担小学各班各科的教育教学工作。由于学生数量与教师数量成反比，因此教师压力相对来说比较大，教师所担负的责任更是重大。

我刚到这所学校的时候，校长向我介绍了在校的几位老教师，之后便给我安排了教学工作与任务，我具体负责整个三年级的语文、数学、科学等学科的教学工作以及六年级的班主任工作。当我知道自己即将负责这么多学科的教学任务时，内心非常的震惊，想着："一个新来的老师怎么能承担如此重任呢？"还未说出我的疑虑，校长就说要带我去看我即将要教授的学生，说是学生们已经等我很久了。听完校长的话，我既激动又紧张，手心里全是汗。跟随着校长，我们来到了三年级，校长向同学们介绍我的时候，我的大脑一片空白，但看到同学们一双双真诚的眼睛和一张张可爱的笑脸，我的情绪也稳定了下来并热情地回应同学们。随着简短的开场白，我的顶岗支教实习生活就正式开始了。

在顶岗支教实习期间，学校的老教师们无论在工作上，还是生活上都给予了我莫大的帮助。我们时常在工作上相互交流、相互激励。当我在教学中遇到困难时，他们总会热心地帮我分析问题所在，并教会我很多教学中的"小妙招"，在和他们的相处中，我的教学技能也有了很大提升。但这4个月的顶岗支教实习生活也非一帆风顺，在实际教学中我遇到了很多问题，如对于基础知识掌握水平特别差的学生我应该如何更有针对性地教学，学生出现逃课、打架等情况我该怎么处理？种种难题让我很是苦恼，但我从未想过放弃。通过向老教师请教，我得知班级内95%的孩子都是留守儿童，家长无法很好地监督孩子学习，无法陪伴孩子的成长，孩子们由于缺乏关注与关爱，出现学习困难。

为了激发孩子们的学习兴趣，我开始对课堂进行改革，让课堂教学内容和教学形式变得更有趣、更多元化。比如，在科学课堂教学中合理使用演示实验、模型、多媒体等多种手段，使学生学得轻松有趣，同时给他们亲自动手、亲身体验的机会，这样他们就会对知识记忆得特别牢固。对于他们的进步我会及时给予奖励。

渐渐地同学们的学习兴致越发浓郁，还会在学习过程中互相激励，很多后进生也比以往有了很大进步。此外，为了发掘学生们的潜能，我每周都会给他们上一节音乐课，根据班内情况来制定我的课堂教学内容，有时候是音乐鉴赏，有时候是音乐学唱，或者是让孩子们进行才艺表演等，给予学生们更多展现自我的机会。有时候我也会给学生们上些美术课，让他们通过画画来陶冶自己的情趣，放松自己的心情，我也发现班级里有很多有天赋的孩子。这些孩子也许字写得不够好，但是他们在绘画上表现得特别好。还有些孩子也许在课堂上不敢回答问题，但是他们在舞台上唱歌跳舞特别在行。此外，还有很多孩子喜欢运动、喜欢看书、喜欢折纸……那时，我真正意识到：每一个孩子都是独特的、可爱的。孩子的成长需要教师用心地观察，用心地教导，这样，他们才能更好地发展。于是在课堂上，我更关注孩子们的全面发展，而不是只注重成绩，更不会以成绩的高低来评定一个学生的发展水平。在我看来，每一个孩子都是好孩子。

　　我更想让我所教的这些孩子们明白，教师与学生之间的关系是双向奔赴的，两者之间是没有上下之分的。每一个孩子都是值得被关注、被爱的。在此过程中，我也体会到为人师的责任，要在教学过程中始终怀着一颗热诚的心，懂得尊重孩子、理解孩子，从孩子们的角度考虑问题，孩子们才会更好地成长。

　　我教的学生马上就要结束小学生活了，似乎今年6月的风伴着些许苦涩，故事的开头是一群少年奔跑在微风中，风吹过鬓角的秀发，凌乱的发丝中藏着一张张稚嫩的面孔，6月开始的时候他们还抱怨时光的漫长，现在回想，那时的埋怨变成了今天的遗憾。在这里很想对我的学生说一句话：其实真正的离别没有长亭古道，没有劝君更尽一杯酒，就是在一个和往常一样的清晨，有的人留在了昨天，我们在这个季节相遇，也会在这个季节各自奔赴前程，也许你们依旧沉浸在毕业的甘苦中无法释怀，但你们应该明白，少年不惧岁月长，彼方尚有荣光在！希望我们会在顶峰相遇，更希望你们都能快乐成长。

　　顶岗支教实习学校：化隆县巴燕镇下卧力尕小学

不负光阴，不负教育

史可芳

为期 4 个月的实习已经结束，回顾这一学期的教育教学工作，我虽没有惊天动地的成绩，但我一直在努力尽职尽责。当我积极投入工作中的时候，发现教育并没有想象中的那么简单。

走近学生

学生对我这位新来的老师既陌生又好奇。本来以为我跟他们会有一定的交流障碍，后来发现，学生们普遍都对我这位小老师非常热情。他们在走廊上遇见我都会非常热情地打招呼，很有礼貌。我在班上自我介绍时，他们居然还非常热情地叫我姐姐，我对他们的第一印象确实不错。我是一个比较随和的人，所以跟学生们相处得非常好。基本上我对他们的态度就像朋友一样，可能这也是我做得不好的地方吧，似乎少了作为一个老师的"威严"。在之后的教学中，我及时调整了自己的状态以及教学方法，让我的课堂在随和中又带有一点严肃。

我们班有个男生，活泼、聪明，但是他上课纪律很差，喜欢和周围的小朋友交头接耳，还不时地插嘴、大笑、叹气。总之，你很难想象这么可爱的男孩自控能力会这么差。有一次，我上课的时候，他总是在重复我说过的话，我很耐心地对他说上课要专心，两遍过后他还是不听，而且在后来纪律越来越差，我生气了，让他站起来，但是他站不直，还不时地转来转去，影响其他小朋友上课。我心里想：这样不行，我的课还得继续上啊，所以我就让他站到门口去。我以为这样就没事了，就继续上课。可没上几分钟，我发现全班学生都在偷偷地笑，眼睛也没有看着老师，而是朝向了那个男孩。我很惊讶，往那里望了一眼，我竟然发现他很开心地在那里转圈、跳舞。我感到很震惊，记得我小时候，只要是被老师点名批评了，我都哭得不敢上学了。

这件事过后，我越来越觉得要马上想办法解决。听其他老师说，之前每次找他谈话都是教育他、批评他，告诉他做错了哪些事情。这次我打算改变方法，我不以老师的身份与他交谈，不再一味地批评他，而是以朋友的身份，用平视角度与他谈心。我对他说："我想与你做朋友，我们谈谈心，什么都可以说的，你愿意吗？"他睁大眼睛看着我，对我点了点头，说了一句："好。"然后我耐心地问他："为什么你上课要讲话呢？"他低头不语。我又问："那你知道上课是不能随便插嘴的吗？"他回答了："知道。"我刚想再说些什么的时候，他对我说："老师，我下次一定不再讲话了。"我对他笑了。后来，他真的改了，上课坐得端正，注意力也集中了，纪律也进步了许多。虽然还时不时地插插嘴，但只要我稍稍看他几眼，他马上就会坐得端端正正地听我讲。

学生需要的不是老师居高临下的不断批评，而是更多的平视、关爱与耐心。教育不能没有情感，没有爱就如同池塘没有水，没有水就没有池塘，没有爱就没有教育。作为一名教师，爱心最重要。教师在不经意的日常生活中流露出对学生的情感，学生感受到的就是一份巨大的爱。老师要善于接近学生，体贴和关心学生，和他们进行亲密的思想交流，让他们真正感受到老师对他的亲近和爱。有人说："老师不经意的一句话，可能会创造一个奇迹；老师不经意的一个眼神，也许会扼杀一个人才。"① 老师习以为常的行为，对学生终身的发展会产生不可估量的影响。

走近课堂

在教师教学技巧方面，一开始我确实是一个菜鸟，处处碰壁。连上课之前备课写的教案都不太理想，让指导老师不满意，修改了好几遍才勉强通过。

---

① 贾志敏. 全在不经意之中 ［J］. 新教师，2013（2）：29.

课堂教学就更不用说了，跟那些老教师相比差的不止一星半点，刚开始连流畅度都有问题。但非常幸运的是，我的指导老师是一位非常有耐心的老师，当我出现一些问题时他没有生气，而是带着鼓励的语气很细心地指出我的问题所在。最后，问题慢慢被解决了，我逐渐变成了一名合格的老师了。

在湟源县第二中学的老师及带队老师的帮助和指导下，我的顶岗支教实习工作取得了预期的效果。我的工作内容有三部分：课堂教学、班主任工作和教育调查。无论是带班还是教课，作为实习老师，都会有一个老教师带我。他们经常指导我怎样才能把课程内容讲清楚，怎样才能充分地调动学生的积极性等。前一个星期，工作的主要任务就是听课，观摩其他老师是怎样讲课的。这种听课和我们上大学时的听课不一样，因为这种听课的重点是观察其他老师怎样讲课，学习如何传授知识、如何驾驭课堂、如何控制授课时间，而并不是学习老师所讲的知识。我第一次上讲台时，自我感觉并不紧张，只是课讲得有点快，总体感觉还可以。后来的课，越讲越熟练，越讲越流畅，同学们对我讲授的知识都能吸收。有了前几次讲课的经验，我的课堂驾驭能力有了很大提高，不但可以较好地控制时间，也能够适时地调整节奏。

我的反思

还没来得及反应，时间老人却已在我身边飘过，用他千百万年不变的声音告诉我："再过 5 天，你的实习就要画上句号了，是否圆满结束，只有你知道。"心中百感交集，却也难以用言语来表达……在这几个月里，我紧张过、努力过、开心过、醒悟过、自信过。

作为老师最幸福的时刻，莫过于桃李满天下。但是我认为老师最大的幸福来自学生每一点看来微不足道的成长，这一点一滴的改变，包含了老师的心血和付出，同时也包含了父母的希望与期待。所以我觉得从事这项职业，或许会失去很多，但是能从中体会到极大的幸福感和满足感。正像老师们常说的那样，一个儿童会改变整个家庭的生活，我们所做的不仅是改变一个孩子，同时也可以改变一个家庭的命运，因此教师更应该珍惜所从事的事业。

在实习过程中，虽然存在困难，但学在其中，乐在其中！机遇与挑战同在，压力与希望共存，今后无论在学习还是生活中遇到怎样的困难，都不能轻言放弃、轻易退缩。只有在不懈的探索过程中，才能够发现自我、超越自我，达到人生的蜕变。机会永远只留给有准备的人，今后一定要多向老教师学习，不断完善自己、突破自己。总之，对我这样一个"准教师"而言，需要学习的东西还有太多太多。

顶岗支教实习学校：湟源县第二中学

我的学生　我的班

马生栋

　　转眼已是 7 月天，我们的顶岗支教实习生活已经落下了帷幕，这几个月的生活如果用几个词来形容，那便是"期待憧憬、陌生新奇、感激成长、不忘初心"。在短短 4 个月，我的心情一直在不断变化。从初到学校时的陌生、迷茫，到顶岗支教实习过程中的担心、不知所措，再到实习结束时的感激、不舍。

融入课堂

　　本次顶岗支教实习过程中，我来到了湟中区共和镇维新学校，这是一个寄宿制九年一贯制学校。学校内共有 23 个班、791 名学生、52 名教师。由于初到学校，第一周我主要是观摩学习老教师授课以及批改学生作业。我来到这所学校以后，听的第一节课便是我的指导教师马老师的语文课。现在仍清楚记得第一节课马老师讲授的是《江南》，她首先利用电子白板，播放江南风光的短片，展现诗歌情景，接着播放了儿歌《江南》（学生一边看画面，一边听音乐，一边在想象）。随后师生对话，进入当天的课文学习。由于面对的是一年级的学生，所以马老师采取了适宜学生年龄特点和认知规律的方式。对一年级的学生来说，相较于文字，他们更喜欢图画，栩栩如生的画面更容易引发共鸣，这种方式能够让他们更加直观地感知文章的主要内容，在课堂上大部分学生都非常认真，积极与马老师进行互动，课堂效果极佳。
　　马老师的教学有两方面给我留下了深刻的印象。第一，给予学生足够的关心和引导。一年级的学生刚刚步入小学，还没有完全适应小学的学习和生活，在学习上还需要教师耐心引导，由于他们刚刚学习拼音，所以很多生字词，即使标有拼音，学生认读起来也存在困难，但马老师会不厌其烦地纠正他们的读音，直到他们的读音完全正确。第二，教学过程中关注学生的学习状态。一节课45分钟，对刚进入学校的一年级学生来说，课程时间较长，随着教师授课时间的不断推移，学生出现了注意力不集中的情况。而马老师在关注到学生这一情况以后，有时候会让学生们唱一首歌或做个游戏，这样他们很快就又集中了注意力。

走进学生的内心

班里有一位同学叫小俊，是一位名副其实的"问题生"，每谈到这个学生，老师们都直摇头。他上课时一直都低着头、沉默寡言，而下课的时候他却变成了"孩子王"，带着其他同学一起玩、一起闹。刚开始我也尝试跟他谈心交流，但是效果甚微。直到有次我无意间看到了他的父母在朋友圈发的几张照片，我瞬间泪目。

图1 小俊劈柴图

在图 1 中，这个 7 岁的孩子已经能在家自己劈柴了。这让我对他感觉有些陌生，原来在学校他展现出来的仅仅是他的一个方面。随后，我跟他聊了他的父亲。提到他的父亲，平时话不多的他却说个不停。他说："爸爸一直都在打工，很忙很忙，但是他每周都会给我打电话，五一假期的时候，还带我去了人民公园。"提及他的父亲，他小小的脸上透出了无限的幸福和开心。于是，我顺着他的话对他说："我们这学期考试结束，要开家长会哟，如果你能取得好成绩的话，你爸爸到时候肯定会特别开心。"听到我这么说，他眼里迸射出了不一样的光。在接下来的时间里，他上课变得十分认真，会在课堂上举手回答问题，会认真完成老师布置的作业，整个人也变得活泼开朗了起来。

我们的学生是纤弱的，他们的心灵更需要爱的呵护，我们要像对待荷叶上的露珠一样，谨言慎行地保护学生的心灵。只有不断走进学生，才能更好地认识学生、熟知学生，学生才会向老师敞开心扉，打开他们的内心世界。

教师的初心与使命

在顶岗支教实习期间，我和学生们建立了深厚的师生感情。在教学过程中我尊重每一位学生，对他们一视同仁。虽然有个别同学的成绩不够好，有时也不按时提交作业，但是我能够发现他们的优点，对他们进行表扬，重拾他们的自信心。学生都喜欢老师的表扬，适时的赞扬能够激励他们继续努力。在学习之余，他们都喜欢向我倾吐他们的苦闷，希望得到我的鼓励。从学生的诉说中，我懂得了教师不但要充当指导者、引导者的身份，也要充当他们的朋友，扮演父母的角色。

要成为优秀的班主任，必须了解学生才能针对性开展"因材施教"。顶岗支教实习期间，我积极主动地向之前的班主任了解班集体的基本情况，并通过语文老师的介绍了解学生的整体情况。在整体了解的基础上，再通过细心观察，熟悉每个学生的个性特点和思想情况。另外，我每天都提前到教室，监督学生做操、晨读、课间眼保健操和自修情况。通过批改学生的作业、试卷，课间和学生的交流，我很快了解了每个学生的基本情况，并及时对他们进行指导，引导他们积极健康地成长。

　　主题班会是班主任工作的重要组成部分，每周我都会召开主题班会。在最后一周的顶岗支教实习中，我和马老师一起筹划了"我的生活，我的梦想"主题班会，希望借此机会能够激励他们努力朝着自己的目标奋勇前进。在这次班会上，同学们都积极地展开了梦想告白和梦想策划，"未来我要当一名警察。""我要当救人的医生。""我想成为像老师一样的老师。"……他们小小的心中藏着五花八门的伟大梦想，相信这些梦想一定会指引他们未来的成长之路。

　　在整个顶岗支教实习过程中，我看到了自己的进步，但与此同时，也发现了自身还存在的问题。第一，在教学过程中个别内敛的学生没有参与到小组讨论之中，由于性格原因很容易受到大家的忽视，因而在今后的工作中我会多关心、关注性格内向的学生。第二，针对学生上课中的发言，我有时没有及时给予个性表扬，只是运用"很好""不错"这类公式化的语言来进行评价，这样的语言对学生而言显得过于苍白，以后还需要学习教学语言与教育智慧。第三，学习过程中容易忽视学生的主体地位。有时候教学环节设计得太多，一节课时间没有得到合理分配，全部是老师在讲授，学生参与较少。

　　时间飞逝，虽然顶岗支教实习已经结束，但这段旅程给我留下了深刻的印象。我在其中不仅收获了成长，亦找到了自己努力的方向。

　　　　　　　　　　　　　　顶岗支教实习学校：湟中县共和镇维新学校

我教你知识，你教我成长

杨 莹

9月10日，教师节。"老师好"，这是见到我人生中的第一批学生后听到的第一句话。初为人师，我还是比较胆怯的，总有些不知所措。进行了简单的发言，虽然连我自己都不清楚讲了些什么，但是我很明白我为什么来到了这里，我是带着何种使命来到了这个校园。

我从未想过能够进入顶岗支教实习的行列，但冥冥之中我已与它结缘。初来乍到的我，作为一名顶岗支教老师，实习学校给我安排的工作内容有三方面：学科教学、班主任工作以及教务处工作。我每天都努力完成这些工作，并争取每天都有所进步。一个学期的时间非常短暂，转眼间已经到了说再见的时候。

在这短短的4个月里，我学到了很多在大学里学不到的东西，真正地尝到了当教师的苦与乐，也深深体会到教师肩上的重大责任。在这4个月里，我的身份不仅仅是一位实习老师，也是一名来学校学习的实习学生，这样的一种双重身份让我更加注意自己的言行举止以及仪表态度，能够从学生的角度出发，本着以学生为主体的思想，做好学科教学和班主任的日常工作。

音乐老师来了

作为一名音乐老师，我很爱孩子们。与此同时，我也坚信他们同样喜爱着我。根据学校安排，我承担了初一、初二12个班的音乐课，初中生不同于小学生，在日常教学中我感受不到他们像小学生那样黏人的喜欢，但是我每天看到孩子们一张张开心的笑脸，可以真切地体会到作为一名老师，或者说，作为一名深受学生喜爱的老师的幸福。

学校艺术节即将来临，这无疑是孩子们最期待的时刻。参与了节目表演的同学不仅可以展现自己的才华，还可以获得大家掌声的认可。而没有参与到节目表演中的同学，既可以欣赏到好看又有趣的节目，又可以让身心得到放松。虽然艺术节那两天天公不作美，下起了淅淅沥沥的小雨，但是学生们的热情却只增不减。

艺术节之前，每天都要加班给孩子们排练节目，虽然这样很累，但是和孩子们相处是一个非常愉快的过程，他们的可爱、聪明，打败了我对老师这个职业的恐惧。一天晚上，我们照常进行节目排练，此时已经临近演出时间。经过一个月加班加点的训练，我们的乐器表演节目已具雏形，更多的是在抠细节，尽可能完善节目，以达到最完美的演出效果。

或许因为一个月以来的辛苦排练，或许因为对排练效果的自我满意，那晚有好几名同学没有按时到达排练室，带着慵懒懈怠的状态慢悠悠地走了进来。此时的我已经有些许不高兴，心想"到了这么紧张的节点，竟然态度如此消极懈怠"，但此时我没有发作，收拾好自己的情绪带领大家一起排练。然而，排练过程中，一些同学的状态与行为让我忍不住发泄出压抑许久的不满。两名之前迟到的同学久久进入不了状态，脸上不仅挂着无所谓的笑容，时不时交头接耳，乐谱弹奏更是频频出错，我多次叫停并对她们进行了个别指导，但排练效果没有一丝改善，这两名同学仍抱着完成任务、得过且过的心态排练。

生气之下，我结束了那晚的排练，生气地说："马上要迎来全校彩排演出，我们更应该铆足力气尽最大努力迎接预备考试，但是部分同学态度消极懒散，不仅迟到，排练过程中更是漫不经心。这是集体的活动，不能因为个别同学的表现导致大家的努力都付诸东流。今晚的排练到此结束，你们回去好好想想吧。"回到宿舍后，我慢慢平复了自己的情绪。冷静后我在想今天是不是对她们太凶了，孩子们早上 7 点半就要到学校开始学习，晚上 6 点下课，白天学习已经很辛苦了，晚上还要进行额外的表演节目的排练，我应该是多去鼓励她们，而不是苛求。

第二天晚上，我怀着歉疚的心态走进排练室，惊讶地发现所有的孩子们都已经到齐，负责同学已经带着大家有条不紊地开始排练了。那一刻，内疚、感动瞬间涌上心头，他们年纪虽小，但有一颗知错就改的心。时间转瞬即逝，很快便迎来了艺术节的正式演出，经过大家的坚持不懈，最后赢得了一等奖。通过这件事，我不仅积累了经验，更是在今后的路上留下了一笔宝贵的财富。

在艺术节中，我担任了器乐比赛的评委，精彩的表演让我应接不暇。不得不说，他们每一个人都特别棒，这帮可爱的孩子都非常优秀。

老师我会想你的

12 月 20 日，星期四。这一周是给每一个班上的最后一节音乐课，我没有刻意表达要离开，但学生们好像知道了些什么，只因为从不给他们拍照的我主动要求合影留念。本在敏感期的少年们此刻却多了一份令我动容的细腻与温柔，无言的默契在我与学生之间静悄悄流淌，你懂我的无言离别，我懂你的悄然不舍。最后一节课同学们格外配合我的教学，我们一起学习了最后一首歌曲，歌声达到了前所未有的嘹亮程度，和音达到前所未有的融洽水平，他们用自己的方式为我的支教生涯画上了完美的句号。曲终人散，离别的钟声一如既往地敲响。我轻声说了声"同学们，下课。同学们，再见！"久久之后，有个声音响起，"老师再见，我们会想你的"，此起彼伏的"老师，我们会想你的"在我耳边响起。此时此刻，作为一名老师的职业幸福感达到了顶峰，更加坚定了我未来从教的信念。

"当然我也会想你们的。"到最后，我也没能在嘴里说出这句话。

顶岗支教实习学校：青海师范大学附属实验中学

爱学生，爱教育

瓦生辉

　　我顶岗支教实习的学校是大通县桦林乡中心学校，这所学校下辖2所村小，共有9个年级21个教学班，全校共有100多名教师。值得一提的是，这是我的母校，在这里我度过了一段快乐且美好的中小学时光。多年后当我再次走入这所学校，给我一种既悉又陌生的感觉。这些年学校有了飞跃式的发展，基础设施不断完善，学生活动日益丰富，一切都在变又仿佛都没变。

　　实习的第一天，是温暖的一天。初入校园已是中午，校长给我们安排好宿舍后，便带我们去吃饭，在此期间遇见了许多曾经教过我的老师，我小学时候的班主任也是小学目前的语文老师，一眼就认出了我，他还调侃道："你这孩子当初可没少让我操心，现在已经快要站上讲台，成为一名人民教师了。"他一边与周围的其他老师感叹着时光的飞逝，一边对我给予了莫大的关怀，在饭后辞别时老师还邀请我常来找他聊天，有什么困难就告诉他，这让我心里十分温暖。

　　通过第一节课的自我介绍以及一个课前小游戏，我与同学们之间渐渐熟悉。在接下来的4个月时间里，逐渐地适应了教师身份，也逐渐从各方面了解了学生的基本情况，慢慢掌握了与学生之间进行沟通、交流，以及在课堂上和课堂之外相处的技巧。4个月的支教生活中我收获了许多，改变了许多，也确实地感受到了很多，其中感受最深的就是城乡之间的教育差距。相比于之前在城市里见习过的学校而言，高原农牧区的学校更有其特殊之处。

　　在师资方面，学校以年龄偏大的教师为主力，并且教师数量严重不足，体、音、美等课程的专业教师尤为紧缺。比如，体育课除了九年级是专业教师之外，其他年级都是让代课老师或者即将退休的教师带体育课。在家校沟通方面，由于当地学生家长多外出务工，许多孩子都是留守儿童，由非直系亲属照看，家长与教师很少有交流的机会，加之照看学生的老一辈家长中有许多人并未普及移动通信设备，使得教师无法及时将学生的在校状况反馈给家长，这些都是在家校沟通方面存在的障碍。此外，最重要的一点就是学生在对待学习的态度上存在严重的两极分化，部分学生不重视学习，对待作业敷衍了事，这可能与学生的家庭环境、学习环境、同伴群体以及孩子的个性特征、自制力等多方面因素有关。

我所带的二年级学生既活跃又调皮，自习课常有喧哗现象，影响到安静学习的同学。根据观察，问题主要出在几个调皮的学生身上。因此我采取各个击破的方法，先向班主任了解了那几个学生的情况，我也总结了一套自己的方法。比如，在平时的早晚读、自修时间对他们重点观察，对他们的不良习惯进行纠正。同时，抓住最佳教育时机对他们进行个别教育。我的方法先是让他们做自我评价，看他们是否认识到自己的缺点和不足。发现学生对自己的缺点还是有一定认识的，但就是自制力不够，约束不了自己。如果一些学生认识不到位，我再以"老师发现，老师觉得……你觉得是不是呢？"这种方式与学生对话，给学生反思的机会。若教师秉持着"是就是是，不是就不是。只要能勇敢承认，知错就改，就是好的"教育理念，再对他们进行指导教育时，学生才会真正从心里接受老师的教育，认真思考老师的教诲，真正去努力改进。

听课方面，我先听了指导老师一周的课，作为热身和预备。在听课过程中，我不再是听老师讲了些什么，而是听他如何讲解、如何分析，以及如何安排教学内容等。我还积极去听学校其他老师的课，如学校中最有名气的老师的课，一有空就争取去听。通过听课和自己半年来的教学经历，我也总结了一些教学经验：首先，备课要充分。教师在上讲台之前的准备工作要充分，这不单单是指对知识的熟悉度，还有语言的组织、教授的方式、授课的顺序、重难点的划分等，也就是说一节课虽然只有 45 分钟，但要花费比上课多好几倍的时间去准备，这样才能在上课之前做到胸有成竹。其次，控制好讲课的声音。授课时，声音不但要洪亮和有穿透力，而且语句要抑扬顿挫，语调不能过于平淡，这样才不至于使学生对这堂课有疲惫感。最后，上课不是老师一个人的表演，上课的目的是让学生掌握知识，所以，和学生之间的互动是非常重要的。

　　此次顶岗支教实习，我积累了宝贵的一线教学和班主任工作经验，并且体会到了爱心和耐心在师生关系中的关键作用。我发现，只有对学生真心付出，才会赢得学生的尊重和信任。工作中我还注意对学生的爱要有度，有时候不能过分迁就，要"和严结合"。

　　转眼顶岗支教实习就要结束了，回顾这4个月的时间，我用心地在工作，但用心并不等于成功。比如，在知识的构建上我还存在着许多不足，还缺乏教学经验。在为人师的这条路上，我只迈出了第一步，接下来还有第二步、第三步……

顶岗支教实习学校：大通县桦林乡中心学校

宝贵的顶岗支教实习之旅

吉太本

　　几个月的顶岗支教实习生活虽然只是时间长河中的一瞬间，但对我来说是千金难买的宝贵光阴，我十分珍惜这个难得的顶岗支教实习机会。短暂的实习生活，带给了我许多宝贵的回忆，而这些经历犹如血液般融入我的生命，成为我成长的一部分，这也是我离开象牙塔前所迈出的最坚定的一步。此时此刻，我深深地感受到，我成长了。

　　教育先贤陶行知先生用"千教万教，教人求真；千学万学，学做真人"概括了教师的职责和使命。的确，教师是太阳之下最光辉的职业，在学生求知的眼神里，老师就是圣洁的天空。为了每一名学生的成长和发展，老师甘愿奉献青春与心血。从小学至今，老师们的关爱和关心让我对教师这个职业产生了深深的向往，不论当年是机缘巧合，还是抱着怎样的心态报考了师范专业，我一直在努力向教师职业靠近，而如今，我也是教师了。在这个学期的顶岗支教实习中，我站上了人生中的第一个讲台，见到了我人生中的第一批学生，度过了人生中的第一个教师节，也开始了人生中的第一份工作。

　　还记得9月份第一次走上讲台时的复杂感受，有紧张、有不安、有激动也有期盼，各种疑问在我的脑海中徘徊着。但当面对天真、可爱的学生们时，我好像掉入了一场与春天相约的梦里，感受到了无边的生机和希望，也体会到了教师的责任、荣誉和辛苦。随着时间一天天地流逝，我与这里的师生们互相了解，校园也由初来时的陌生冰冷变得熟悉温暖了起来。

　　经过这几个月教学活动的开展，我也认识了越来越多的学生，我们的关系也在时间的见证下，变得越来越亲密，课上我们是师生，课下我们是朋友；课上我们会积极讨论课程内容，课后我们会闲聊生活美好，课余时间孩子们总喜欢围着我，用大大的眼睛看着我，害羞地笑着，有些大胆的孩子会凑到前面来，小声地问："老师你为什么来这里呀？""老师你知道我的名字不？""老师你喜欢我们吗？"……听着他们的各种各样的问题，看着他们一张张天真可爱的脸，注视着他们充满求知欲的眼神，忽然明白了为什么我们会来这里，忽然感觉到了我存在的意义和价值，而我的顶岗支教生活也因为他们的存在而变得更加绚烂多彩。

不知道从什么时候开始，这群小孩子在我的心里占据了一方天地，牵动着我的心弦。脑海中还清楚地记得，每周五下午放学时，我会来到校门口，同他们告别，目送他们一个个离开、走远，孩子们会笑着和我打招呼"老师再见"，我也微笑着给学生回应"再见，路上注意安全"。送完所有的孩子后，度过了忙碌的一周，原本是盼着快点放假，周末可以轻松一下，可当独自回到空荡荡的校园之后，心里便也空荡荡的，好像突然缺了点什么，心里很不是滋味。学生在的时候会觉得他们有些吵闹，觉得他们不听话，可等他们走了，却如同丢失了贵重的珍宝一般揪心。

教学给我最大的感受就是要善于思考、勤于思考、敢于思考，并且敢于去做。万事开头难，但有些事情总是要开头的，关键就在于自己去不去做。去做了，去尝试了，去一次一次努力了，就会发现，原来自己也可以做到，原来自己也行。只有去做了，才能发现问题；只有去想了，去思考了，才能找出解决的办法。还记得初上讲台时的紧张和不知所措，但在指导教师的帮助和指引下，我观摩学习老教师的教学活动，不断总结自己教学活动中还存在的问题，不断尝试，不断反思、再反思，到后面我也能够较为熟练地开展一堂课，也逐渐从一个还未走出校门的大学生转变成一名顶岗支教的实习教师，也逐渐适应了实习期间的教育教学工作。生活当中的事就是这样，只要敢想敢做，就有可能成功；只要敢去思考，就没有什么是不可能的，当你站在一个新台阶上的时候，向下望走过的台阶，恍然发现自己其实也是可以做到的。

在顶岗支教实习过程中，我也清楚地看到了自己在教育教学过程中存在的不足，如缺乏工作经验，教学活动组织还不流畅等，我深知要想成为一名合格甚至是优秀的老师，就需要不断完善自己、不断超越自己。为此在这几个月的支教时光中，我不断向资历丰富的老师们学习请教，不断规范自己的语言表达，精心备课，努力提高自身的教育教学水平。

4个月的顶岗支教实习生活很快就逝去了，这当中有欢笑，也有委屈，有成果，也有不足，但更多的是责任。望着孩子们渴望求知的眼眸，我深刻领悟到我们要争做一名好老师，要做好学生的引路人，要为学生传授科学知识和做人做事的道理。对自己而言，要做好一名顶岗支教实习生，顺利完成自己的顶岗支教实习任务。在此过程中我承担了些许工作，当然，这些工作得以完成离不开很多人的支持和帮助。

支教是一首歌，歌中有快乐也有辛酸；支教是一条河，河中荡漾的是知识、经验和做人的道理。在顶岗支教实习中我们得到了锻炼，辛苦之后是硕果累累。时间如白驹过隙般偷偷地从指缝溜走，不知不觉已过去4个月了。顶岗支教实习，并不是我们当初想的那般模样。从开始的紧张与茫然，到现在的轻松自如，我们开始享受课堂，享受顶岗支教实习的点点滴滴，可以说我们用几个月的时间，做了一辈子最难忘的事。几个月的顶岗支教实习经历使我的教学经验得到了质的飞跃，我学到了很多书本上学不到的知识。当然学习是永无止境的，我也努力时刻不忘超越自己，用青春诠释一名教师的使命和担当。

顶岗支教实习学校：囊谦县第二民族寄宿制藏文中学

实习所见所想

尕桑曲忠

3月14日，我来到玉树市第一民族完全小学开启了我的顶岗支教生活。在第一个月里，我和我的实习伙伴在教务处主任的推荐下，每天都去听资深教师、优秀教师的课，并跟随着各自的指导老师学习班主任管理工作。短短一个月，我对教师的工作有了更多的认识。

初来

由于英语老师的匮乏，刚来到一完小的当天，我就被安排担任7个班的英语老师。作为第一次从教的师范生，我的内心既彷徨又迷茫。虽然在顶岗支教实习之前我无数次地进行说课、讲课、写教案，但真正站上讲台教学对我来说还是第一次，我深知从学生角色转变为老师角色，这中间需要付出很多的努力。于是我向教务处主任请求安排一名有经验的英语老师作为指导老师，然而现实情况却是我的指导老师除了带英语课外还兼任二年级（4）班的语文教师和班主任等工作。

还未找我的指导老师取经，当天下午就有三年级的英语课。在第一节课上课之前我做好了充足的准备，信心满满地站上讲台，向他们介绍我是新来的英语老师并开始讲课。然而之后的事情却并未像我预测的那般顺利进行，由于在青藏高原高海拔农牧区，英语是以"副主科"的身份存在的，学生们并不重视。一堂课下来常有学生说话打闹，最后以仓皇结束而告终。

课后我不断地反思总结并整理成文字，带上我的教案和PPT课件去找我的指导老师，我向她讲述了我在教学过程中遇到的困难，并询问了该如何处理这种情况。当她看完我的教案和 PPT 后，她肯定了我对教学内容的安排和把握，她说作为一名教师，最重要的就是上好课。正如她所说的，虽然我在学校学习的是如何备课、讲课，但是教学过程是如何实施的、教学环节的时间是怎样把控的、面对突发情况该如何处理以及面对出现状况的学生该如何对待，这些方面我是缺乏经验的。随后他又向我讲述了她第一次上课的情形，以及后来她所学到的方法，她说许多新老师都会去亲近学生，这不是问题，问题是在亲近之前，教师的威严形象一定要先树立好，否则就会出现课堂吵闹混乱、不交作业等现象。在向指导老师充分取经后，我又开始了第二节课，这是另一个班级，从开始上课，我就强调课堂纪律，这一次上课的纪律相较于上一节课有着非常明显的改观。

在这之后，我每上完一节课，都会进行反思与总结。作为一名准教师，我没有丰富的经验，因此我不断地向老教师请教，逐步掌握了许多在实际教学中有用的技巧。在这一个月，我经历着一个个的转变，从一开始的上课急促、遇到课堂紧急事件的手足无措到后来学会更加灵活自如掌控课堂；从一开始上课，忽略学生的反馈到后来学会引导学生学习发现共性问题，激发学生课堂学习的积极性和主动性。同时我在教学用语规范方面，经过不断探索实践学习，也进步了许多。

巧合

这一个月，我暂时承担了一周的一年级（5）班班主任工作，在这一周里，我意识到：班主任是一个班级的核心灵魂，他的行为会直接影响到每一个学生，正如我的指导老师告诉我的"要点"，要做一个好的班主任必须做到"勤严细实巧学"。"勤"指要善于发现班级内存在的各类问题和隐患，并且要及时得当的解决，该表扬的表扬，该批评的批评。必须做到表扬时具体到人，在班级内树立在各方面突出的榜样；批评时对事不对人，起到广泛警告的作用。先做人，后做事，从上课最基本的尊重说起。"严"最重要的是要严于律己，谨记班主任的一言一行都会成为学生学习的榜样。另外，要严格要求学生，用纪律来约束学生形成良好的班风。"细"是指班主任要有足够的时间和精力，多往教室里跑，特别是早读、午休、放学后，及时发现学生的问题，和学生交流，在言谈中渗透教育的理念。"实"指经常和学生交流，做通他们的思想工作，要把班主任工作做到实处，赢得同学们的心。"巧"是指与学生交流的时候要巧用班干部，巧用说话的技巧，还要巧用做事的方法。"学"是最重要的，尤其是作为一名准教师，只有不断地从书本中汲取力量、不断地从老教师处学"小手段"，才能胜任班主任的工作。

触动

在一完小顶岗支教实习的这一个月，我感触最深的是，即使是作为市中心的小学，这里的师资力量依旧很薄弱，一方面是因为作为一个建校时间超过百年的老学校，其教师团队整体年龄偏大，再加上高原环境和饮食习惯的影响，许多老师身体素质并不理想，这就导致许多老师请假就医。另一方面作为一所民族小学，英语不算是"主科"，这就导致英语教师数量极少，而道德与法治、科学课老师也由其他老师兼任。虽然学校的年轻教师较少，但是学校非常有活力，每周一升完国旗，都会有一个班表演节目，除了传统的锅庄，还有现代舞，更有各个班主任精心编排的传统锅庄结合现代舞的新式舞蹈，而这些班主任都是由资深教师担任的，他们还会有区别于其他班级的特色班服，就比如三年级（5）班的特色班服是虎头小帽子，非常醒目可爱。学校也并不限制各班班主任对于教室环境的布置，比如，有些班主任会把班里的墙刷成粉红色、淡紫色，或者是浅黄色，还会在班里设立班级绿化角，养着学生们的小盆栽。在班级文化墙上，每个班也是各有亮点，除了童心十足、内容丰富的手抄报，还有用各种材料拼成的图案。第一完全小学校园内生长的大树，以及校园空地也变成了学生玩乐的"小基地"，不得不说，学校对小朋友们的身心健康发展非常重视，除了在乎学习外，更在乎他们的童心。

收获

　　顶岗支教实习是师范生必经的阶段之一，这一个学期短暂又忙碌、充实又疲惫。千教万教，教人求真；千学万学，学做真人。一个学期内，我对自身的定位从学生转变为教师，我时刻警醒自己，教师是一个标杆，要规范自己的言行，为学生做好榜样，时刻牢记学高为师，身正为范，相信未来我一定会有更好的发展与表现！

顶岗支教实习学校：玉树市第一民族完全小学

继往开来，笃行致远

库扎喜

3月14日上午，我们怀着激动的心情，从师范大学出发，踏上了去海东市乐都区顶岗实习的旅程。到达乐都区后，经过短暂休息调整，我们乘车前往顶岗支教实习目的地——洪水镇双塔营小学。初到双塔营小学，映入眼帘的是整齐、宽敞的教学楼和洁净的校园。这里的一切都让我感到新奇，我也很期待将在这里度过的一学期实习生活。这一学期的时间对我来说很重要，因为它将对我未来的教师生涯产生重要影响。

步入正轨

第二天，我们正式开始了顶岗支教实习生活。我被分到了二年级组，担任二年级的语文老师兼副班主任。初次登上讲台，面对全新的环境，面对一双双好奇的眼睛，我感到既紧张又兴奋。课前，我认真备课，努力把握教材的重点和难点，设计适合学生实际的教学方法和活动。课堂上，我尽力调动学生的积极性，与学生进行互动，让学生参与到教学过程中来。课后，我及时反思自己的教学行为，总结教学经验和教训，不断改进自己的教学方法和策略。

在顶岗支教实习期间，教学工作的每一步都需要高标准完成，从备课到讲课，我都尽力做到最好。在此期间，我十分感激我的指导教师赵老师，她教学经验丰富，待人和蔼可亲，学校里的老师都说她的课讲得很好。我有空就去听赵老师的课，认真做听课记录，学习如何备课、讲课，学习她在教学过程中对教材的处理、教学方法的选择以及对学生的引导、启发、调动等方面的做法。

听了一段时间课后，我开始为登上讲台做准备，遇到问题就及时向赵老师请教，她也很耐心地指导我。她说："备课很重要，这是上好一节课的前提。"于是我结合自己学到的理论知识和赵老师的指导，开始备课、写教案，并准备课件。在备课过程中，我认真钻研教材，力求准确把握重点、难点，并注重参阅各种资料，使用符合学生认知规律的教学方法及教学形式。在做好各种准备后，我先上了几节课，刚开始上课时心里有点紧张，有点害怕，总觉得自己讲得不好，但慢慢地就进入了状态。每当我上完一节课后，指导老师都会告诉我哪些地方讲得好，哪些地方讲得不好，应该怎么讲，我认真听取赵老师的意见和建议，并及时改进自己的教学方法。

作为班主任，我需要管理班级的日常事务，协调学生的学习和生活，关注学生的心理健康和成长。为此，我尽力做到公平公正，关心每一个学生，让他们感受到班级的温暖和关爱。同时，我也注重培养学生的自主能力和团队合作精神，让他们在学习和生活中相互帮助、共同进步。担任班主任工作期间，我有这样一个认识，班主任对学生的思想教育工作，实质上是一个与学生进行心理沟通的过程，只有真正进入学生的内心世界，做到有的放矢、方法得当，才能收到预期的教育效果。

实习趣事

顶岗支教实习期间，我与学生之间发生了许多趣事，这些趣事不仅让我深刻体会到了教育的魅力，也让我更加坚定了从教的决心。

"老师，你会变魔术吗？"

在一次语文课上，我为了激发学生的学习兴趣，决定采用一种新颖的教学方式——变魔术。我事先准备了一些道具，如扑克牌、手帕等，并在课堂上为学生们表演了几个简单的魔术。没想到，我的这一举动竟然让学生们对语文课产生了浓厚的兴趣。课后，一位学生跑到我面前，好奇地问："老师，你真的会变魔术吗？"我笑着回答："老师只是用了一些小技巧，并不是真正的魔术。"这位同学听后，若有所思地点了点头，说："老师，我觉得你就像魔术师一样，总能给我们带来惊喜和欢乐。"

"老师，我也想当小老师！"

在实习期间，我尝试采用小组合作的教学方式，让学生们分组进行讨论和展示。在一次讨论中，我发现一位平时不太爱说话的学生却非常认真地参与到讨论中，还积极地为小组出谋划策。在讨论结束后，我表扬了这名同学的表现，并鼓励他继续努力。没想到，这名同学却对我说："老师，我也想当小老师，带领大家一起学习。"听到这句话，我感到非常欣慰，因为我知道，这位同学已经逐渐融入了课堂，找到了自己的位置。

"老师，你能给我写封信吗？"

在一次作文课上，我要求学生写一封给远方亲友的信。课后，一位学生找到我，请求我为他写一封信。原来，他的父母常年在外打工，很少回家，他很想念他们。于是，我坐下来，认真地和他一起写了一封信，表达了他对父母的思念之情。当他拿到我为他写的信时，眼里闪烁着泪花，感激地说："老师，谢谢你，我一定会好好珍藏这封信的。"

实习的日子像是一首欢快的歌，每一个音符都饱含着汗水与收获，每一个节拍都记录着成长与感动。回首这半年的顶岗支教生活，我不仅感受到了自己的成长，也对教育事业有了更加深刻的认识。教育不仅仅是传授知识，更是塑造人格、引领未来的重要工作。作为一名教师，我深知自己肩负的责任和使命，我将以更加饱满的热情和更加专业的素养，投入未来的工作中。

顶岗支教实习学校：海东市乐都区洪水镇双塔营小学

厚积薄发，教书育人

吕孟哲

我是美术学专业的学生，今年在师大附中进行了一学期的顶岗支教实习。师大附中的校园非常漂亮，校园环境清新典雅，每天书声琅琅，学校里有高中部、初中部和小学部三个部分，在校学生 3000 余名，学校教学质量较高，在西宁市属于社会认可度最高的学校之一。

根据学校的安排，实习期间我主要承担初、高中部分年级的美术课程和初二（5）班的代理班主任任务。在刚开始进入附中校园时，面对陌生的环境，一张张不熟悉的面孔，我的内心惶恐不安。随后在指导老师的简单指导下，便匆匆"上岗"了。第一节课是初二年级的美术，孩子们初次看到我这位陌生的实习老师，自然都显得拘谨，课堂互动不够积极，有问题也不敢举手提问，与此同时，我内心也是非常紧张的，毕竟第一次站上讲台，就这样，我机械地念着 PPT，孩子们木讷地听着，这一切都是那么不和谐，完全没有美术课该有的课堂氛围。课后指导老师年老师便找我聊天交流，一起探讨了我上课期间存在的一些问题。

第一，心态未调整好。我在给孩子们上课的时候依然把自己的角色定义为学生，因为我觉得我本身就是学生，这种惯性思维使我的课与其说是实习课，倒不如说是一节学生间的讨论课，没有主导、没有课程的节奏。第二，方式不对。在学生遇到一些难以理解的问题点时我没有察觉，导致学生在前一个问题还没有弄清楚的情况下又在进行下一个点的学习，因此出现了断层现象。第三，师生互动少。我从课程一开始就读 PPT，孩子们听得昏昏欲睡。

针对年老师总结的这些问题，我对自己的教学思路和教学方式进行了重新整合，并在第二节美术课进行了改进。每一个知识点都给孩子们一点时间去思考，时不时地用一些自己经历的小故事扣在知识点上以便于孩子们了解和记忆，同时也拉近了我和孩子们之间的距离。

然而，这种方式在高一的美术课上，我发现又不一样了，高一的孩子，在年龄上和初二年级的孩子相比与我这个教师更接近一些，这使得我们之间隐隐有种自来熟的感觉，也可能是他们处于青春期的原因，他们从来不关心今天这节美术课谁来给他们上，他们也没有拿自己当外人，第一节高中美术课后半段，我在播放有关新石器时代乐都柳湾彩陶的小视频时，班长和学习委员还有两三个班里的男生拉着凳子坐在我旁边，出于好奇心，不断地询问我有关彩陶的知识点，他们好学的程度远远超过了我的预期，最重要的是我们之间看上去更像是很相熟的朋友。因此在实习期间，相对于初中的美术课程，我更喜欢高中时期的美术课程。

班主任工作对我来说，算是经验盲区了。在日常工作中，我和班里学生干部接触自然会多一些。体育委员和班长性格比较开朗，和我沟通起来，无拘无束，无话不谈。周五下午的第三节课是初二（6）班的美术课，紧接着便是班会。每次美术课后，班长和体育委员都会来美术教室等我，帮我拿一些课本教具之类的。

提起我们班的学生，有一个男孩给我留下的印象最深，名字已经不记得了，只记得是马姓同学，他的父母是对外务工人员，他是班里个子最小、声音最小、话最少的孩子，性格非常内向。刚开始接触他的时候，他是一句话都不敢对我说，对于参与班里的活动也不是很积极。

9月底的附中运动会在青海省海湖体育中心举行，在组织学生进入场馆之后，我在班级隔壁的空椅上坐下，安安静静地看书。没过一会儿，这个孩子便悄悄地出现在我身边，小心翼翼地拿起其他的书阅读起来，过了一会儿，我才发现他，就问他怎么不和班里的其他同学玩耍，他说班里的同学都不和他一起玩。于是，我就让他留在我身边，这时班长和体育委员也过来了，体育委员有意无意地和他聊天，竟然使平时十分内向的马同学也变得话多起来。为了让他保持这种状态，在接下来的一段时间里，吃饭、上课我都和他在一起，久而久之同学们也慢慢开始和他互动起来。虽然他还是很内向，但是在我看来他的社交能力已经得到了很大提升。

时间飞逝，转眼间就要和这些可爱的孩子们说再见了。通过这次顶岗实习，我清楚了自己的不足，面向未来我会继续学习、实践，将理论和实践结合，不断提升自己的能力，更好更快地适应岗位需求，达到从学生到教师的转变。希望将来我能够成为一名卓越的人民教师，扎根于青藏高原的教育事业，扎根在自己热爱的这片土地上，发光发亮，照亮孩子们的前程。

顶岗支教实习学校：西宁市青海师范大学附属实验中学

不说再见

任玉琼

顶岗教育实习生活转眼就要结束了，就要和实习学校、老师、同学们说再见了，心里一阵酸楚。4个月来，我得到了学校领导和老师们的许多关心和支持，和同学们建立起了亦师亦友的关系。这里带给了我很多快乐和太多的美好回忆，要说再见，真的很难。

3月14日，我怀着激动的心情和同伴来到大通县黄家寨镇中心学校，开始了长达4个月的顶岗支教实习。黄家寨镇中心学校地处西宁市大通县南部，是一所城乡接合部学校。该校自建立以来，先后被授予了"省级绿色学校""德育示范学校"，以及县级"平安示范校园"等荣誉称号。学校有这样的成就，离不开老师和同学们的共同努力。

在大通县黄家寨镇中心学校顶岗支教实习的日子里，我体会到了校领导求真务实、以人为本的工作作风，教师们忘我的奉献精神和认真负责的工作态度，在我看来这些都是今后相当长时间里我要学习并为之努力的。他们是我学习的榜样，是我奋斗的目标。

实习一开始，我就接手了学校少年宫活动，主要负责手工课，说来也惭愧，手工恰恰是我比较薄弱的地方。当面对学生有关手工方面的提问时，常常让我感到力不从心。而这群可爱的孩子们好像也看出了我的窘迫，尽可能照顾着我的情绪，有的学生给我分享了他做的手工作品，有的学生还时不时冒出一两句玩笑话，来逗我开心。每每想到这儿，我的心都会泛起一股暖流。我想这群孩子们都如此努力，我还有什么理由逃避呢。于是本着在其位、谋其事的原则，也为了带给同学们更好的手工课体验，一向手工技巧蠢笨的我特意向学校美术老师和其他老师请教相关问题。与同学们在手工课上一起学习，一起合力完成手工作品，从最简单的串珠开始，一步步提高难度，我一路见证了孩子们在手工课上的成长，同样他们也一起见证了我这个起初笨手笨脚的新手老师逐步向合格教师迈进的历程。

此后的日子里，我担任了六年级（2）班的实习班主任工作。我明白要做好班主任工作绝非易事，作为一名实习班主任，应时刻用"爱"去开启学生的心灵，用一颗宽容的心去包容学生。但爱与宽容绝不等于放纵，因为班主任面对的是一个由一群性格各异的学生组成的班集体。没有严明的纪律，如何有良好的班风？因此，班主任在工作中要宽严相济、奖罚分明，同时关注学生差异。

当班主任可不是一件容易的事，有件事就让我刻骨铭心。那是一个艳阳高照的日子，学校举行篮球比赛，抽签配对，很不巧的是我们班与"体育强班"的孩子们对上了，这场比赛实力悬殊，我们赢的概率真的不大。上场前，我特意和班上打比赛的孩子们谈了谈心，大致意思就是不要有太大的心理负担，就当作平常的篮球活动一样，孩子们也都很配合，毫无悬念这场篮球比赛我们班输了，尽管提前和孩子们做好了心理建设，但实战后的结果的确让人开心不起来。

我还在想着该如何安慰这群在赛场上失意的孩子，这时，班上便出现了一些奇奇怪怪的言论，内容大概是"比赛中某某没好好表现才导致这场比赛的失败"。而这些话好像出自班上个别没有上场比赛的孩子之口。不一会儿班上气氛不妙了，眼看着就要吵起来了，我急忙在班长的帮助下临时开了一场小型班会，会议主题围绕此次篮球赛而展开，主要是把全班同学分为三个小组，其中篮球赛成员一组，对此次比赛颇有微词的人为一组，其余人为一组。我先让每个组派代表表达对此次篮球比赛的看法，然后让有疑虑的组提问，其他小组代表回答或成员帮答。在这一问一答中每个组都表达了自身的看法，就这样在小组间的沟通交流中解开了不必要的误会。在这里，我只是起到了一个桥梁和中介作用，帮比赛的同学与班上未比赛的同学建起一座沟通的桥梁，以此来促进班上同学间的关系。也是通过这次班会，我让双方明白，本质上都是为了班级好，只是大家的站位不同罢了，这需要大家相互理解。我也让同学们记住，永远不要在自己还未做过的事情上随意评判，哪怕出发点是好的。

　　回顾这短短 4 个月的顶岗支教实习生活，我感受到了孩子们对我的真情和大通县黄家寨镇中心学校教师们对教育的热情。我由衷地敬佩在青藏高原这片土地上为祖国教育事业奉献的教育工作者。未来我也将成为一名人民教师，以后不管在哪里工作，我都会像这里的老师们一样尽我所能，努力发光发热，为祖国的教育事业添砖加瓦。

　　　　　　　　顶岗支教实习学校：大通县黄家寨镇中心学校

以梦为马，不负韶华

索南巴吉

9月既是丰收的一个月，也是充满希望的一个月。

我们怀着一颗热忱的心踏上了去往顶岗支教的"他乡"，我顶岗支教的地方是玉树藏族自治州囊谦县，这里是生我养我的故土，是我最熟悉的"他乡"。为什么要说是"他乡"呢？因为以往我回囊谦是因为放假回家，而这次却以顶岗支教的身份回到家乡。此时此刻，我心中无限期待，期待着以新的角色回到家乡，期待着我们作为师范生的第一次实习，期待着作为一名真正的老师站在讲台上的那一刻……

从西宁出发，经过两天的颠簸，一路高歌，一路忐忑，第二天中午才到囊谦县。本以为到了县城我们可以先好好休息再到各个学校去，可谁知道，到了那里一下车就见到各个学校的负责人来迎接我们，下车后我们按照原先分好的支教单位排好队然后拿着行李上车，又一路颠簸来到了实习学校。虽说我是土生土长的囊谦人，但这是我第一次来到二完小，竟然有一丝丝紧张和不安。十几年后再次踏入小学校园，心里总免不了生出许多感慨，感慨于这里的勃勃生机、这里浓郁的学习氛围，以及这里似曾相识的那股难以隐藏的拼劲儿……这里的一切都是新鲜的、充满力量的。但随之而来的事却把我心中的忐忑和不安一扫而空，刚下车就看见第二完全小学的校长手捧哈达笑着朝我们走来，那种热情仿佛像迎来从他乡回家的孩子。是啊！那慈祥的面孔和我记忆中的一模一样，因为第二完全小学的校长是我小学时的老师，也是我弟弟的班主任，虽然没有带过我，但我对她印象深刻，此情此景倍感亲切。

来到第二完全小学的第一周，学校没有给我们安排具体工作，让我们利用一周的时间熟悉学校的教务等各项工作，为我们接下来的顶岗支教实习工作做好充分准备。第二周我们的教学任务分配好了，给我安排的是一年级两个班的数学。其实，刚开始我的内心是比较抗拒的，对从小学习数学缺乏兴趣的我来说，这毫无疑问是个巨大的挑战。因为我知道一个人的一生会遇到很多老师，但真正的伯乐不常有，我担心由于自身欠缺对教学科目的热爱会影响初入小学校园的孩子们对小学生活的期待以及对知识的渴望。但教务主任一再鼓励我说："一方面你来实习就是来学习、锻炼的，遇到困难要迎难而上；另一方面这是学校的安排，你要服从，而且你可以用这边的方言跟学生沟通，学校相信你，对你寄予厚望。在教学上有任何困难都可以请学校的老师帮忙。"听了教务主任的一番话，我对顶岗支教实习有了新的认识。其实人生中大多数事情不可能都如意，而这一路的困难、坎坷，正是对你的考验与磨砺，只有不气馁、勇于面对、勇于挑战、勇于拼搏，才有机会接近胜利的彼岸。于是，我欣然接受了学校交给我的这项教学任务，我想一个好老师不是一开始就是完美的全能教师，好教师也是一个成长的过程，没有兴趣可以培养兴趣，我坚信我可以胜任数学教师这一重任，成长为一名好的数学教师。

由于一年级开学晚，我到来的这一周还没有正式上课，但为了有较好的授课效果，我们日复一日地做各项工作准备，十分忙碌。就在这忙忙碌碌与忐忑不安中迎来了属于我的第一个教师节，也第一次收到了教师节的祝福。这一天我们与第二完全小学的老师们载歌载舞，共同度过了一个难忘的教师节。之后，正式的教学生活就开始了。

踏上三尺讲台，面对着一张张稚嫩的小脸和十万个为什么的小脑袋，我竟有些手足无措，我知道我面对的不只是教学难度，更是面对孩子们渴望知识、闪闪发光的一双双小眼睛，以及每个家长望子成龙的期待。虽然说我是来顶岗支教实习的，但当我站上讲台，我就是一名老师，就得为学生负责。在这方面，陈老师给我留下了深刻影响。在我小学的时候陈老师就带过我，庆幸的是时隔十几年陈老师依然记得我。所以在教学上，陈老师给了我很多帮助和引导，跟我分享了很多教学技能和方法，比如，怎样备课，怎样灵活把握课堂节奏，怎样可以更好地激发学生参与课堂活动的积极性，怎样评价学生的学习以及怎样进行教学反思与评价……陈老师不仅在教育教学中给予我莫大的指导，也在生活中给予我关怀与帮助，让我在顶岗支教过程中感到无比幸福。

在顶岗支教期间我也参加了学校的其他活动，如每周三下午的教研活动、中秋节到敬老院"送温暖"活动，还有全县举行的红歌比赛及囊谦县首届校园足球联赛等。在这些工作中，印象最深刻的属表彰大会，因为这次表彰大会是针对本学期期中考试而专门举行的。值得欣慰的是我教的两个班的数学课成绩排在年级第三，我作为任课教师站在领奖台上受到了学校表彰，我想这应该是对我顶岗支教实习工作最大的肯定和鼓励了吧。

"师者，所以传道受业解惑也""教师是人类灵魂的工程师"。带着这样的目标和信念，我完成了近4个月的顶岗支教实习工作。在这几个月的时间内，我的教学理论一点点转化为教学实践，模拟教学也变为真正的面对面教学，尽管在教学方法上仍然略显生涩，但也在慢慢成熟之中，这让我的顶岗支教实习生活充满了惊喜、快乐。

顶岗支教实习学校：囊谦县第二完全小学

用心浇灌祖国的每一朵花

宋　吉

　　人生是由一个又一个阶段组成的。我们的童年是一个阶段，我们的学生时代又是一个阶段。但是对我们师范生来说，我们的人生似乎比其他人多了一个阶段，那就是顶岗支教实习阶段。从学生到老师，看似有很大的转变，其实只是从大三这一年开始，悄悄地进行着。

　　人总是在不断实践中成长着，如果没有实践来磨砺自己，即使有再高深的理论，也没有任何用处。对我们师范生来说，这一次顶岗支教实习活动就是最好的检验，不仅让我们在这次难得的实践活动中认识到了自己的不足和缺陷，也为我们提供了一次服务社会、回报国家的机会。

　　今年的春天对我来说，注定是难忘的。因为我离开了舒适安逸的校园，踏上了顶岗支教实习的旅程。作为一名顶岗支教实习教师，我在果洛藏族自治州久治县哇尔依乡民族寄宿制小学度过了我大三的第二个学期。时光飞逝，不等我细细整理，一个学期的支教生活已从指缝中溜走。这学期的支教生活有喜悦，也有辛酸，但这都不重要，重要的是，这段时光是我最值得回忆和珍惜的。在这半年的时光中，我深刻体会到高原基层教育的艰辛与神圣，不过这更坚定了我要做一名优秀教师的信心与决心。

你好，新手老师

　　顶岗支教实习期间，我的主要任务就是听课—写听课笔记—写教案—讲课。每次，指导老师和语文教研组的教师们都会为我指出不足之处，这让我很感动。这期间我深深感受到了"台上一分钟，台下十年功"这句话的真正内涵。

为了尽快融入这个环境，课余时间我也常常会到班级里和同学们聊天，尽量了解班级中每个学生的性格特点、学习情况等。为了能记住每个学生的名字，我还在没有进入这个班级之前，就通过他们的作业本，整理了一份学生名单。因为当过很多年学生的我，清楚地知道老师能记住自己的名字是多么值得开心的事。当我能准确无误叫出他们名字的时候，他们都很惊讶，也很开心。

我担任的是四年级（3）班的语文及体育教师。四年级（3）班的同学比较调皮，语文基础比较薄弱。记得第一次上讲台的时候，我特别紧张，只好尽力地去讲课，可同学们回报的不是笑容而是茫然的眼神。看着他们那个样子，我更没了自信，硬着头皮把这场独角戏唱完了。课后，指导老师给了我一些课堂教学改进建议，还教我如何更好地启发学生、如何更好地提高教学质量以及如何与学生相处等。

经过几周的教学，我慢慢地发现，要上完一堂课其实很容易，但要上好一堂课就要花很多时间去学习。因此，每天我都会坚持听课，不论是专业课，还是其他科目，我都会去听，因为这样可以从中学到一些教学技巧。当然，除了每天自己坚持听课之外，我们语文教研组也安排了相应的听评课活动。通过听各位老师的课，我学习了他们优秀的教学方法和技巧。有时候我也会和他们一起探讨如何教得更好，从而将他们的教学方法运用到自己的教学中，并使之更加完善。

是老师，也是朋友

我教的四年级（3）班有时候教学进度跟不上，我不知道该怎么处理。接着我就去听同年级的课，后来发现3个班的学生接受能力不一样，四（1）班和四（2）班的学生很聪明，但是一有问题就开始叽叽喳喳地说。四（3）班学生不像四（1）班、四（2）班能很快消化老师所讲的内容，这是因为在此之前他们的语文老师几乎每学期都在换，而且很多孩子的家庭环境也不好，各种因素综合起来就导致了他们的语文基础比较薄弱，这样我就不得不花更多的时间为他们讲授基础知识。在我眼里，他们更像是没有归属感和安全感的流浪儿，于是我便张开怀抱拥抱他们，不吝言辞鼓励他们，给他们真诚与尊重，相信他们能行。我坚信每一颗种子都会努力挣扎冲破泥土的桎梏，迎着阳光灿烂盛开。

有一个学生因为父母吵架，然后他的爸爸就领着那个学生离开了学校，没有来上课。虽然我第一次经历这种事情，没有什么经验，但是我还是第一时间和家长取得了联系，确保孩子安全无恙，同时尽可能去调和家长之间的矛盾。第二天，这名学生回到了学校，耷拉着毛茸茸的小脑袋，坐在角落里无意识地盯着自己的小脚丫，浑身散发着被遗弃般的迷茫与忧伤。

下课后，我带着小朋友回到我的宿舍，拿出了提前准备的糖果和小零食，小家伙看到零食后眼前一亮，用不可置信的眼神看向我，明亮的大眼睛仿佛会说话一样，"真的吗，真的吗，这些好吃的是给我的吗？"。我不禁失笑，摸了摸他可爱的小脑袋，"吃吧，都是你的，想吃什么就吃什么"。他一边看着我，一边怯生生地探出小手，快速地抓起了一根棒棒糖，欢快地吃了起来。

等他吃完后，我问起昨天发生的事，小家伙就像泄了气的皮球，瞬间蔫了下来，说爸爸妈妈有时会吵架，他很不喜欢，他希望他的爸爸妈妈也能和别人的爸爸妈妈一样，每天在一起开开心心的。我抱了抱他，告诉他："你的爸爸妈妈也是第一次做爸爸妈妈，每一个人都会犯错，他们也不例外，你可以告诉他们你不喜欢这样，一家人应该相亲相爱，给爸爸妈妈一个改错的机会，你说好不好？"小家伙沉思片刻，问："爸爸妈妈会不会抛弃我？""不会的，每一个孩子都是父母的无价之宝，他们会永远爱你的。""那好吧，这次我就原谅他们吧。"瞧，小朋友们的世界是多么纯真无瑕……

一点感想

我认为顶岗支教实习的意义主要有以下两点：第一是试错机会，提前试错。尤其是对一个师范生来说，一旦就业就没有那么多试错机会。在实习期间，可以适当变换教学风格、方式等。第二是通过实习找到自身与意向工作要求之间的差距，提升工作适应能力，缩短初入职场的磨合期。

顶岗支教实习就如同一个破茧的过程，我们在完成每一件任务之后留下属于自己的精神财富。就这样不断地积累、不断地探索、不断地超越，相信在不久的将来，我们一定会由量变的积累而达到质变的飞跃。

顶岗支教实习的经历对我来说是弥足珍贵的，作为高原基础教育未来教师队伍中的一员，经过对高原教育现状的切身体验，面对孩子们在高原教育资源发展不充分、不均衡的状态下仍保持着对知识的渴望、对改变自身命运的向往、对学成归来后建设家乡的理想，更加坚定了我未来投身高原基础教育事业的决心与信念。

顶岗支教实习学校：久治县哇尔依乡民族寄宿制小学

以变应变　不断成长

马小花

人生中总有许多的第一次。初为人师，对师范生的我而言是一件极具挑战的事情。岁月不居，时光如流。我们离开学校，开始顶岗支教已一月有余。还记得来时看着川官公路的风景，不知不觉便到了官亭镇。镇上柏油路四通八达，街道整洁干净，风中夹杂着泥土的芬芳，充满着乡村的气息。据我了解，官亭镇有 1 所幼儿园，4 所小学，4 个教学点，1 所初中，1 所普通高中，学校体系较为完善。我被分配到了官亭镇中心学校，这所学校是九年一贯制学校，在 2019 年被评为全国青少年校园足球特色学校。

这几个月里我拥有了一段愉快的时光，有和蔼可亲的老师教授教学经验，有活泼可爱的小朋友陪伴成长，有门卫大叔守卫校园，还有食堂阿姨烹饪美味佳肴等。在这里我们把在大学里学的理论知识转化为实践，由此也引发了许多思考。

第一次上讲台

我所教授的科目是四年级的数学和五年级的美术。第一周为了熟悉教学环境，指导老师先让我观摩老教师的课堂，学习老教师的教学经验，在此基础上接手课堂教学。

万事开头难。第一次上讲台，我讲课的内容是"加法交换律和加法结合律"，虽然做了充分的准备，但是由于经验不足，我深感心有余而力不足。英国教育家斯宾塞说过："应引导学生进行探寻，自己去推论，对他们讲的应该

119

尽量少一些，而引导让他们说出自己的发现应该尽量多一些。"① 本节课所解决的数学问题是"李叔叔这三天一共骑了多少千米?"，学生进行自主列式计算，得出两种不同的计算方法：一种是"88+104+96"，按照从左往右的顺序计算，另一种是"104+96+88"，应用了"凑整法"。针对这个计算方法我没能正确引导学生让他们自己进行观察、探索、交流，而是直接给出结论。另外，课上"卡壳"和"嘴瓢"是常有之事，课堂气氛有时也不太活跃。

第一天工作结束后，我进行了一整天工作情况的总结和反思，认识到课上"卡壳"的原因是没有进行学情分析，为此后来开始有针对性地备课。在上课前通过前置性任务了解学生的已有知识经验；课堂中通过过程性评价及时了解学生对于知识的理解程度；课后通过设计分层作业以及学生的反馈调整教学任务。邀请指导老师听我讲课，指出我教学时存在的问题，并与指导老师商讨改进教学方式。在大学的时候，我们以学生的身份每天学习各种教育学理论知识、研读课标、研究教材、大单元教学设计、讲课说课等活动，都是在预设的环境中进行。但是真正在中小学教学环境中，有更多的不确定性问题随时可能发生，有些事情根据现有的理论知识是难以解决的。正是"纸上得来终觉浅，绝知此事要躬行"。实践是检验真理的唯一标准，我也将努力把理论与实践更好结合，提高自己的教学能力。

适应角色变化

夸美纽斯说教师是太阳下最光辉的职业。② 从顶岗支教那一刻起，我不再只是一名学生，还拥有了新的身份——教师。能担此殊荣，必定需要承担应有的责任。对于这份责任，我是又紧张又兴奋的。我的梦想一直是成为一名优秀的人名教师，喜欢儿童的懵懂天真和纯真可爱，渴望走进他们的内心深处，在他们的人生之路上留下我的痕迹，可是我又害怕不能站在他们的角度看待他们面临的一切难题，没有耐心倾听他们的真心话，以简单粗暴的方式解决问题，现有的知识与能力担任不起这个重任。带着这份忐忑的心情，开

---

① 斯宾塞．教育论［M］．胡毅，译．北京：人民教育出版社，1962：62.

② 夸美纽斯．大教学论［M］．傅任敢，译．北京：教育科学出版社，1999.

始了我的实习生活。当看到指导老师以"捧着一颗心来，不带半根草去"的奉献精神耐心地解答学生的问题，认真地备课授课，我急躁的心也逐渐平静，慢慢适应"教师"这个角色，坦然面对学生，尊重、爱护每一位学生，和学生共同学习、进步。平时以"学生"的身份向周围的老教师学习如何"传道授业解惑"，如何言传身教，树立榜样。

除了适应角色变化之外，我还要做的是转变心态。在经过第一次月考之后，发现我所带的班级考试成绩不是很理想，给我带来了挫折感，并且有些焦虑，为此指导老师帮我分析原因。我与学生都处于互相适应阶段，我作为一名新手教师，在授课过程中学生可能跟不上我的教学进度，而且我也没有及时关注学生的学习状态。曾经陈向明教授讲道，教育是一种关系性实践，"我还经常被师生关系中如何保持亲密与疏离之间的适度所困扰……如果我采取一种正式权威的姿态，刻意与学生保持距离，他们似乎都躲着我，我无法接触到他们的内心，也无法与他们建立较密切的关系"①。陈向明教授认为，如果关系过于密切，教师与学生的边界则变得模糊，很难再用高标准严格要求他们。师生不可能成为真正的朋友，因为朋友在身份上没有高下之分，在利益上没有直接勾连。但师生关系是有边界的，教师身负着促进学生成长的重任，而学生需要"恰到好处的挫折"。因此，我需要重新审视我与学生之间的关系，转变心态，严格要求自己，对学生既全身心地投入，又适当地保持距离。

改进教学方式

官亭镇中心学校推行"生本课堂"。生本课堂是一种不同于传统教学模式，以学生为教学主体、教师为教学引导的新型教学模式。生本教育是为学生健康快乐成长以及学生的好学而设计的教育。生本课堂的基本理念是"一切为了学生，高度尊重学生，全面依靠学生"。强调教师要相信学生在学习上的主观能动性，呼吁教师从"拉动学生的纤夫"转变为"生命的使者"。从

①　陈向明. 从师生关系看教育的本质［J］. 教育学术月刊，2014（11）：82-85.

"生本"理念出发，以课堂教学为载体，一切从学生实际出发，围绕"六环节"，抓住"三核心"，是"生本"理念下高效课堂模式的重要实践之路。课堂教学的"六环节"，指的是目标导学—自主学习—互助探究—交流展示—点评拓展—总结反馈。"三核心"指的是自主—合作—探究。我也按照"生本"理念的要求，积极改进自己的教育教学方法。

"不登高山，不知天之高也；不临深溪，不知地之厚也。"① 通过实习，接触到真实的小学教育环境，将课本所学的理论知识和平时积累的教学技能运用在实践当中，同时也认识到教学是一项需要长期积累并终身学习的大工程。通过顶岗支教也让我认识到自身所存在的不足，比如，缺乏教学经验，在许多细节问题上处理不当；无法正确选择恰当的处理方式，缺乏教学机制，师生关系建设存在问题等。

为了解决以上问题，我积极地向周围有经验的教师请教。本着听一节课讲一节课的思想，积极去听不同教师的课，从他们精心准备的课中汲取不同的经验，领略他们对教材的解读，感受他们对课堂的把握，体会他们对学生的关注，学习他们新的教学方法、教学理念等。这段日子里，我终于体会到了做好一名教师，并不像想象中那么容易，也明白了要做好一名人类灵魂工程师的责任感和重要性。

有责任有担当，青春才会闪光。展望未来，强国建设、民族复兴的宏伟目标令人鼓舞，催人奋进。路虽远，行则将至；事虽难，做则必成。这次顶岗支教的经历让我在成为一名优秀教师的路上前进了一步。但愿以后我能记住此刻，为伟大的教育事业贡献绵薄之力。

顶岗支教实习学校：民和县官亭镇中心学校

---

① 荀况．荀子［M］．祝鸿杰，译注．杭州：浙江古籍出版社，1999：1．

用爱伴随学生成长

娄金良

回味谢家寨小学的顶岗支教实习生活，它就像一杯清茶，虽没有华丽的色泽和醇厚的味道，但那清澈怡人、淡淡清香却让我回味绵长。我的学生长大了，更懂事了；我也长大了，更成熟了。支教生活是一种经历，是一种磨炼，是一种财富，更是我人生的新起点。

记得刚来谢家寨小学顶岗支教实习的时候，我有期待、有憧憬，但感觉更多的是满满的责任和义务。虽然有充分的心理准备，但当踏上讲台、拿起粉笔、给孩子们讲第一节课时，仍然紧张、激动。因为来之前我还只是一名师范生，而走上讲台的那一刻就是一名人民教师了，我需要尽快调整自己的状态进入角色，熟悉工作，要尽我所能将更多的知识和更广袤的世界展现给孩子们。

共度中秋

在我刚来到顶岗支教实习学校不久，就迎来了中秋节。由于我所在的学校主要招收的学生是谢家寨村的，大多数孩子的父母都外出务工，留守儿童比较多，所以我决定在这个中秋节带着孩子们一起过节。在中秋节当天，我带领孩子们一起举办了中秋节晚会，我把晚会分成了两部分，第一个部分是故事会，可以分享自己觉得有意义的故事，有的学生讲了自己家里爷爷奶奶把好吃的留给自己的感人故事，也有调皮的学生讲了恐怖故事，还有的同学讲了自己幻想变成超人的故事，逗得全班同学哈哈大笑。第二个部分是小组比拼，我把学生分成了三个小组，主要选取了数学、语文以及一些常识作为问题，每答对一题小组就可以积一分，最终按照分数总和来进行排名并分发奖品。在比赛的过程中，我看到有几个学习成绩不突出的同学很想为本小组做贡献，但是由于基础知识掌握得不牢固，只能坐在那里干着急，想让组内成绩比较高的同学快想出答案。比赛结束，第三小组的同学回答正确的题的数量最多，在比赛中取得了最终的胜利，第三小组同学上台领奖时我能从他们的表情中看到骄傲与自豪。与此同时，下面的很多同学都在喊"不服，还要再来！"。我拍了拍手，示意他们安静一下并说："肯定还会有下次比赛的，下次比赛前大家都好好学习，储备知识，争取下次让你们组得第一好不好！""好！"从中我看到了他们学习的动力，在接下来的时间里，孩子们学习状态和上课积极性比以前好很多，课上主动发言的同学变多了，课下问问题的同学也变多了，经常有同学在我面前问"老师，什么时候还举办比赛呀，我已经储备很多知识啦"，大部分同学的成绩也在这之后有了进步。

爱国教育

学校是培养学生成长的摇篮，也是帮助学生树立正确的世界观、人生观、价值观的地方。为了在孩子们的心里种下爱国主义的种子，在平时的教学活动中，我会格外注意对孩子们进行爱国主义思想的培养。在日常的上课过程中，我都会穿插一些红色故事，有革命先烈英勇牺牲的故事，也有我们国家伟大发展的故事，如青藏铁路、航空事业和全面小康等，孩子们在听这些故事时眼睛里是闪着光的，在我讲完之后很多孩子都积极发言，表示自己以后也要为国家做贡献。为了让爱国主义思想在孩子们心里的根扎得更牢固一些，我还在班级里开展了"用手抄报讲故事"的活动，每名学生制作一张爱国主义主题的手抄报，并在每节课上课前安排几位同学讲解自己手抄报的内容。手抄报的内容五花八门，设计风格有简单的、可爱的，还有古灵精怪的，但每一幅作品、每一个孩子的讲解都在展示着自己对于爱国主义的了解，展示着孩子们的成长。

大魔王的转变

实施素质教育，是时代的需要，而素质教育的精髓就在于面向全体学生，使每个学生都能全面、主动地发展。在每个班级中不免会出现几个孩子由于家庭、生活环境等多方面因素影响而成长为"大魔王"，他们缺乏关爱难以产生对学习的兴趣，并随着时间的推移形成恶性循环，成为学生群体中的"弱势群体"。

在我支教的班级中就有一名典型的"大魔王"——贺同学。我刚到班级的第一天，他就对我表现出嗤之以鼻的态度，上课叫他回答问题他也不回答，只是慵懒地从椅子上站起来，静静地看着我，一言不发。开始我以为是他不会回答，就让他先坐下，但是提问了他几次之后，我发现他就连很基础的问题也不回答，我批评他的时候他也毫不在意，甚至还与旁边的同学说话。某次下课的时候，我把他叫到了办公室，问他为什么会表现出这样的状态，贺同学沉默不语，只低头站着，不论我怎么引导，他依旧保持着一个状态，直到下节课的上课铃声响起，我没办法，只好让他先回去。他走了之后，办公室的老师和我说，贺同学一直都是这样，在所有老师的课上都不认真，是全校出名的"大魔王"。这让我意识到要改变贺同学不是一件容易的事情，但是我不想放弃任何一个学生，所以我每次上课还是会提问他，即使他故意不回答，我也鼓励他，"没关系，你不会老师来给你讲"。我经常在课后走到贺同学的身边帮他讲上课他没回答出来的问题，一段时间以后，贺同学愿意在课堂上开口回答我提出的问题，到后来他会主动举手来回答问题。在与他的一次聊天中，他对我说："谢谢你老师，谢谢你始终如一地鼓励我。"那一刻，我真正明白了教师的意义，也明白了师生之间那不可割舍的情缘。

成长

时间如白驹过隙，学习、备课、上课，写字、看书、作业，折纸、游戏、讲评……转眼间就到了离别的时刻。学生们的歌声与微笑仿佛就在眼前，一学期的时间，我和学生们一起成长、一起收获。陈同学的学习成绩突飞猛进，她再也不会一个人躲在角落里不敢与其他人交流，她和同学之间的关系更加融洽了；晓丽同学变得更加开朗了，愿意与同学们一起做游戏了；田同学是班级的"开心果"，有她的地方从不缺笑声；王同学的学习成绩更好了，成绩已经可以稳定在班级前两名了，整个人也变得更有礼貌了；贺同学从班级的"大魔王"成长为合格的"扛把子"，经常在大家面前表演一些属于他自己的威武……一学期里的点点滴滴，我都记录了下来，在纸上、在相片中、更在心里。我给他们准备了一个相册，把这一学期我们从相遇到相知，教室从空白到斑斓，每个难忘的瞬间和每个开心的时刻，都定格在相片中……希望在将来的某一天，当他们翻开相册，再看到这些照片时，能想起我曾经传授过他们的知识和一起度过的时光。

从开始的手忙脚乱，到现在的游刃有余，还能对水平参差不齐的学生做到"因材施教"。看着孩子们在我的努力下进步了，我从开始满满的责任和义务，到现在收获了满满的幸福和快乐，支教生活是我人生旅途中浓墨重彩的一笔，我开心，我自豪！习近平总书记说："当代青年要树立与这个时代主题同心同向的理想信念，勇于担当这个时代赋予的历史责任，励志勤学、刻苦磨炼，在激情奋斗中绽放青春光芒、健康成长进步。"① 我们全体支教师范生将牢记总书记的深情勉励，不负年华、不负时代，践行诺言，在实现中华民族伟大复兴中国梦进程中书写青春画卷。

顶岗支教实习学校：西宁市谢家寨小学

---

① 勇担时代使命 重温习近平对青年人的殷殷寄语［EB/OL］. 人民网，2020-07-08.

让每朵花都绽放

殷丽萍

3月14日，我兴致勃勃地到达互助县大通苑小学，满怀激情地开启了一学期的支教之旅。这段支教生活，就像一杯浓烈的咖啡，苦中带甜，滋味无穷。我深入地了解了每名学生的内心世界，从他们的性格、习惯、人际关系处理中，我看到了一个个独特的灵魂。我们一起笑过、哭过，这段宝贵的经历将永远镌刻在我的心中。作为六年级（2）班的语文、道德与法治老师，我与学生们建立了深厚的情感联系。

这个班有好几个学生家庭情况特殊，从小就跟着爸爸生活，与妈妈偶尔见几次面。对未成年人而言，身处单亲家庭实为残忍，诸多生活琐事皆需母亲的陪伴与关爱。因此，在这些孩子眼中，常常积蓄着难以消散的忧郁，缺少母爱滋养，他们如何能与其他孩子一般欢愉无忧？我时常对他们的遭遇深感同情，他们尚且年幼，却已要学会成熟。他们的父母许多因工作原因长期在外，仅依靠祖父母关照孩子的生活与学业。

显然，家庭教育的缺失导致部分学生性格内向，对学习缺乏兴趣，甚至沉迷于游戏。另外，一些孩子由于家庭住址较远，不得不选择住校。在这种情境下，十几个孩子拥挤在狭小的宿舍中，本应在父母关爱下无忧无虑成长的他们，却不得不提前面对独自生活的压力。这些孩子晚上睡觉时甚至连衣服都不敢脱，只为节省第二天早晨的洗漱时间。

矛盾的男孩

六年级学生正处于儿童期和少年期的过渡期，极其矛盾，一些学生已经有了初中生的样子，叛逆又倔强。尤其是班长靳同学，他几乎沾染了所有"问题学生"的特征，并形成了一个以他为中心的小团体。

或许是年龄和他接近，很多事情他都愿意和我讲。每次面对他的时候，我都感到复杂，他是一个矛盾体，成绩不错，会讨老师欢心，却也极其自大，很自以为是，在学校横行霸道。刚接触该学生的时候，他回答问题总是很积极，尽心履行班长的职责，整个课堂秩序也非常好。可是当他和我接触久了，他便开始随心所欲，上课不再有一开始的热情，要么东倒西歪，要么开小差，我劝导过数次，他却认为自己不听课也能考好，并让我拭目以待他期中考试的成绩。看到"好学生"在自己的课堂态度散漫，其实我是有点怀疑自己的，可是和其他老师交流以后，他们告诉我这个学生的性格就是这样，虽然成绩好，但是极其容易自满，不算真正意义上的好学生。

我一直以为他是一个没心没肺的孩子，可是有一次放假回家，他跟我说他奶奶晕倒送到急诊了。那天天气很冷，甚至带点雪，他只穿着单薄的外套和裤子，说是要去医院照顾奶奶。明明自己也是个小孩，却像个大人一样将两岁的妹妹带到亲戚家以后，收拾好东西直奔医院。我想，他大概和奶奶的感情还是比较浓厚的。据他讲，父母在外务工，只留爷爷奶奶在家照顾兄妹二人的起居和学习。

那周返校后我看他的眼神温和了些许，毕竟算是个懂事的孩子。可他很快又开始骄傲自满，凑到我面前跟我说："老师，你认识我的鞋子吗？你知不知道我们班好多同学都穿假鞋。"那一刻我的内心是震惊且复杂的，我没想到现在的学生这么小就开始攀比，校服都一样就开始比鞋子。据我了解，这个村子的经济发展并不算好，很多学生是留守儿童，吃穿难免将就一点，可他却在班里大声地嘲笑其他学生，不懂得什么叫尊重。

在我写下这段话的时候，他来办公室交作业本，看见我就幼稚地冲我挤眉弄眼，试图引起我的注意。在未来的日子里，我通过悉心引导，让他摆脱

"问题学生"的标签，成了一个思想健康、积极向上的优秀学生。

抑郁症女孩

　　班上还有一个特殊的女孩——郑同学，上课的时候总戴口罩，看向她的眼睛时，她会不自觉躲闪。我觉得她是有点不自信的，两边的刘海长长地垂下来，好似将她与外界隔绝开来。她很少在课堂上举手，叫起来回答问题时声音也很小，在班里存在感极低。

　　我以为她是一个安静内敛的普通小女生，可是有一次却被人发现她自残，用刀片在胳膊上划了很多伤口。她是全班唯一一个自残的学生。那时候我刚到学校，对她们的情况也不甚了解，发生这个事情后，我一直关注着这位女生。平时她有一个固定的玩伴，学校里也有个亲妹妹经常在一块聊天，她看起来和普通学生无异。我不知道她为何自残。

　　虽然她的成绩不是很好，但是有段时间她突然在课上发言积极，口罩也不再经常戴在脸上。我以为她慢慢融入集体了，可是有一天她突然叫我出去："老师能不能给我换个宿舍，她们在下雨的那天赶我出去。"我当时真的很震惊，她跟我说她有抑郁症。同学的忽视，父母的不在乎，或许压在她身上的担子太重了，让小小年纪的她对生活没有了期望。说实话，看到这些孩子，我的内心是复杂的。

　　这个班有很多学生像这个女孩一样，有逃过学的、装过病的，无外乎是不想来学校。我不知道他们到底想逃避什么，是学业还是同学，抑或是老师让他觉得不顺心。他们过早地接触网络，看到一些鱼龙混杂的信息，不懂得辨别哪些是好的，哪些是坏的。他们每个人都性格迥异，却又聚在一起形成了一个集体。虽然在一些小事上经常产生矛盾，但在集体活动上，又出人意料地团结。在一次拔河比赛上，他们因为赢得第一而欢呼雀跃，每个人眼底都是发自内心的快乐；在一次接力赛跑上，他们因为争哪个班是第一而面红耳赤；在一次集体游戏上，他们因为没有获奖而落寞沮丧。他们一起欢笑也一起流泪，喜欢跑过来和我分享他们的情绪。各具特色的他们，构成一个集体。在日常生活中，他们或许意见相左，但在集体活动中，却能团结一致。

在短短的几个月里，我也和他们建立了较深的感情基础，虽然在课上他们经常惹我生气，但在课下又眼巴巴地缠着我说话。明明学校不让带零食，他们却偷偷把糖果带进来塞到我手里，还在端午节来临时给我编手链，嘱咐我一定要戴在手腕上。

我深刻感受到教师不仅仅是教书者，更是育人者，教师应当做学生的益友。或许是年龄相差不大，他们有很多事情都愿意和我倾诉。在这个网络发达的年代，他们很多人都沉迷于游戏、短视频，甚至是社交平台，做一些不符合他们这个年龄阶段该做的事情。而我能做的，便是尽力帮助他们树立正确的价值观，将他们的思想引向正确的方向。当学生问出"什么时候可以退学"这种问题时，我劝导他们在读书这条路上走远一点，多充实自己的内心，作为祖国的花朵，应茁壮成长，成为一个有理想有信念的学生。每次对他们说完一些重话的时候，我都会觉得后悔，因为他们还处在发展阶段，需要给他们时间让他们成长。

他们的成长环境也不是很好，很多都是留守儿童，学校是他们唯一的教育场所，家中的爷爷奶奶又无能为力。因此，作为教师，肩上的责任更重，要关注到每一个儿童的情绪情感，将摇晃的幼苗扶正，或许，这便是教育的意义。每朵花都有权利绽放，不管最后长成玫瑰还是百合，园丁都要用心浇灌。

顶岗支教实习学校：互助县大通苑小学

把爱留在良教乡的校园里

包正鑫

　　充实的支教生活已经结束了，回顾这一个学期的生活，有很多感慨的地方。我从刚开始的不适应到后面的应对自如，从刚开始的懵懂到后面的清晰，从刚开始的困惑不解到后面的豁然开朗，从刚开始的辛苦到后面的轻松，我们所有人都在不断地历练，不断地提高，不断地成熟……一个学期的时间，我们都已初步具备准教师风范，能很好地驾驭一堂课。通过这次经历，我不仅对教师工作有了更深刻的认识，也对学生有了更深层次的了解。

　　本学期我的实习学校是良教乡中心学校小学部，良教乡中心学校位于青海省西宁市大通回族土族自治县良教乡下治泉村，学校的教学设备整体齐全，教师结构基本合理，能满足教学工作的基本需要。小学部的教学宗旨是"学有良善，教有良师"，学校紧紧围绕这一中心开展教学工作，每周四还设有各种少年宫活动，组织学生参与鼓号队训练等多方面发展学生能力的活动。

我观察到的儿童

　　在这段实习时间我受益匪浅，身边的老师和同学们都在"教"我如何成为一名优秀的教师，身份的转变使我深刻地理解了"纸上得来终觉浅，绝知此事要躬行"这句话的意思，前面大学期间学到的更多是理论上的知识，而没有实践的阐述，多少会有些浅薄，想要真正掌握理解其中的真谛，必须自己走入"现场"。

　　我教学的课程除了一年级语文与四年级道德与法治之外，还有一年级音乐和四年级美术等。每天和学生待在一起，看到他们稚嫩和可爱的脸庞，更让我觉得真诚地对待儿童，能拉近彼此的关系。经过几个月和同学们的相处，学生不光在课堂上和我互动，在课下或各种自习课上也会很积极地找我交流，其中有几位转变比较大的学生让我印象深刻。

第一位是一（3）班的马同学，还记得我第一次去他们班是听我的指导老师的语文课，他坐在最后一排，我就坐在他旁边听课。整节课我发现，读课文时他全程不张嘴，写字时他也只写两三个字就停下来，我问他是不是不会读、不会写，他摇头不说话，整节课并没有全身心投入课堂中。之后我给这个班上语文课的时候，我观察到他的状态还是之前那样：头也不抬，话也不说。于是，我开始在课堂上时不时叫他回答问题，并找他的优点鼓励他，有时候是一句奖励语，有时候是一张小贴画，有时候会让全班鼓励他，慢慢地我发现，他会在课堂上主动举手回答问题，读课文也大声起来了，而且如果是我给他们班上自习课，他会主动来给我读课文，读完课文他又会自己找课后的字词等来读，态度很积极。当我在改课堂作业时，他会很积极地完成家庭作业并让我改，他还会很高兴地跑过来告诉我他写完家庭作业了。我相信马同学的语文水平以后会越来越好。

第二位是一（2）班的李同学，我同时给一（1）班、一（2）班上音乐课，在两个班一起上课的时候，由于学生人数多并且年纪小不好管理，所以有几个调皮乱跑的学生我记忆深刻，李同学就是其中一位。刚开始他在课堂上乱跑，我严肃地让他坐回自己的位置，他不听还对着我笑，并且基本每节课他都会去上厕所，他在跟我请假的时候除了"老师"这两个字，另外说的话我和其他学生都听不懂。起初，我以为这个孩子只是单纯调皮和害羞，不敢说话，后来经过几节课，我发现这个孩子跟其他学生不太一样，并且也有学生告诉我说，该同学是特殊儿童，从幼儿园开始就是这样的，我告诉其他同学不要不理他，同学之间要和谐相处。后来，为了防止他在课堂上乱跑出现意外，我会在每节课上课前给他贴一张小贴画，告诉他"老师相信你是一个好学生"。让我出乎意料的是，他真的在自己的座位上安静地坐了一节课。在我们唱歌的过程中，他也会自主举手想唱歌，虽然他唱的歌大家都听不懂，但我还是会让同学们给他鼓励，慢慢地，他在课堂上变得很听话，不会像刚开始那样调皮乱跑。有时候上课他还会在我面前表现自己，比如说拿起教室的拖把拖地，甚至有的时候我在另外一个班上课，他会偷偷跑到我上课的那个班门口看。据另外一个老师说，李同学在我的课上是很安静的，与在其他老师的课堂上完全不一样。

经过和这几位同学的相处，我明白了教师不只是教书，更重要的是育人。而育人需要的是以身作则，宽容耐心，温柔坚定，这是一场我们和学生之间的双向奔赴。爱是教育的灵魂，只有融入了爱的教育，才是真正的教育，我们要真诚拥抱每一位学生，学生的回报也不会让我们失望。

一点感悟

在支教过程中，我尝试了许多教学方法和策略，这些尝试让我更加了解孩子们的学习方式和需求，也让我不断反思自己的教学方式和效果。同时，我也注意到孩子们的反馈对于教学效果的重要性。我开始更加关注孩子们的学习状态和情绪变化，以便更好地调整我的教学方法和策略。

面对这些挑战，我逐渐认识到，作为一名教师，不仅要传授知识，更要关注孩子们的身心健康，引导他们树立正确的价值观。同时，我也意识到老师有义务利用自己的知识和技能去帮助那些需要帮助的孩子们。这不仅能让我的教学能力得到提升，更能让我了解教育的真正意义和价值。

"学海无涯，教无止境。"总的来说，我的支教经历是一次非常宝贵的实践和学习机会。在这个过程中，我不仅提升了教学技能和人际交往能力，还深刻地认识到教育的真正意义和价值。我坚信，只有全面发展的学生才能更好地适应未来的社会和生活。因此，我将继续努力提升自己的教学能力和综合素质，为培养更多优秀的学生贡献自己的力量。

顶岗支教实习学校：大通回族土族自治县良教乡中心学校小学部

学思践悟，丹心秉烛

伦 珠

"十年树木，百年树人。"在师范大学求学以来，我一直以争做"四有"好老师为目标，全面严格要求自己，不断追求进步，不断完善自己，不断超越自己。顶岗支教实习是加强教育教学实践性、培养卓越教师必不可少的重要环节。我很幸运，走进了囊谦县第三完全小学，也很幸福遇到了一群可爱童真的孩子们。

从9月5日算起，我已经在囊谦县第三完全小学进行了近4个月的顶岗支教实习。回想过去几个月的顶岗支教实习经历，一切都历历在目。

从西宁出发到囊谦县的路途中，随着海拔的逐渐升高，在大巴车上老师和同学们都出现了不同程度的高原反应，但沿途大家都团结一致、彼此关心、相互帮忙。经过两天的长途跋涉和颠簸周折，我们终于到达了顶岗支教实习目的地——囊谦县第三完全小学。从那时起，我就清楚地意识到自己不再只是一名即将毕业的大学生，而是一名顶岗支教实习教师。这次顶岗支教实习可以说是我们踏上工作岗位之前的"实战训练"。

刚到囊谦县第三完全小学，教务处为我们每个实习生都安排了相应的教学工作，这也体现了三完小领导对我们的信任与期待。分配给我的任务是三年级（2）班和（5）班的数学课程教学，每周共11节课，这样的教学工作量其实不算太多。但由于三完小的学生大都来自牧区，学生的学习基础较差，加上囊谦县学生的数学基础本身比较薄弱，所以这两个班级的学生数学成绩普遍不高。每当上课时，看着台下一双双渴求知识的眼睛，我感到了一份沉甸甸的责任。因此，备更好的课、讲更好的课是我顶岗支教实习的基本愿望。

为了提高学生学习的积极性和学习效率，我从学生的年龄特点和认识规律入手，进行分析思考，小学生正处于思维发展的关键时期，对周围的一切事物都充满了好奇，要充分利用"兴趣"在学生学习和发展过程中的重要作用。孔子曰："知之者不如好之者，好之者不如乐之者。"兴趣对一个小学生来说是至关重要的。为了有效开展一堂教学活动，我们必须把学生的学习兴趣调动起来，使他们在兴趣中主动学习。在给两个班级的孩子们开展数学教学活动时，我都坚持以学生"学"为主，教师"教"为辅的方式，课堂主要以学生的学习和提问为主，然后让学生充当"小老师"，对同学们的学习和回答做简单的评价，随后根据大家的学习情况和结果我再加以补充、纠正。因为课堂以学生为主，充分调动了他们学习的主动性和积极性，教学方式由"要我学"转化为"我要学"，在此过程中充分激发了学生浓厚的学习兴趣。

虽然通过转变教学方式，提高了学生学习的兴趣和积极性，但为了能够让学生进一步提升数学成绩，我与指导教师进行了多次沟通交流，指导教师告诉我，教学重在"授之以渔"，而非"授之以鱼"。因此，在讲解具体的知识重点和难点的时候，针对数学科目，我渐渐明白了既要注重具体练习题的演算过程和方法，更要总结和概括同类型题目的解题步骤，给学生们总结归纳，将同类型题目放在一起进行对比，这样不仅可以让学生们直观感受到知识的运用，还能减轻学生们的学习压力。在大家的共同努力下，后来我所教授的两个班级的数学成绩也逐渐提升了。

在之后的教学实践中，我也不断和有经验的教师交流，针对教学过程中存在的问题积极寻求帮助。在此过程中，我充分体会到作为一名教师的辛劳，同时也体会到当一名教师肩负的重大责任。因此，脚踏实地，虚心学习，提高自身素质，不断完善自我和超越自己成了我顶岗支教实习生活的主旋律。

作为一名顶岗支教实习生，我严格遵守实习学校的规章制度，尊敬带队老师、顶岗支教实习学校领导和老师，虚心听取他们的指导意见，并且和其他顶岗支教实习生一起团结协作，保质保量完成了实习学校布置的任务。光阴似箭，日月如梭，转眼间，我在囊谦县第三完全小学的顶岗支教实习就要结束了，离别在即，每每回忆起曾经和孩子们在一起的点点滴滴，莫名有些酸楚。虽然打心底里舍不得，舍不得可爱调皮的孩子们，舍不得囊谦县美丽宁静的风景，舍不得第三完全小学为我们提供帮助和支持的老师们，但是天下没有不散的筵席。

　　这几个月的顶岗支教实习生涯，虽然短暂，但是充实。此次顶岗支教实习虽然辛苦，但从实践中学到的是一辈子受用的知识，不管是老师们的悉心指导，还是学生们的日常互动，这些对我的影响都很深远。面向未来，我想努力成为一名优秀的数学老师，我想我需要做的还有很多，未来之路依旧漫长，但我对自己充满信心。

顶岗支教实习学校：囊谦县第三完全小学

那些难忘的小事儿

代淑雯

我所在的顶岗支教实习学校位于青海省果洛藏族自治州久治县，这里的大部分学生不能很好地用普通话进行交流，这对我开展教学工作来说是一个很大的挑战。

在教学的过程中，我发现学生们的基础知识还有些不足，虽然已经进入了三年级，但与人交流时仍会出现用词不当，回答问题时往往不能说出完整的句子。比如，我问学生："能不能听懂?"他们会回答"不听懂"，这种语序逻辑问题经常出现。此外，他们对于声母和韵母的发音掌握得也不是很好，有时也不能正确地进行拼读。之后我与原来的任课教师商讨后，决定把教学重心放到识字、说话、交流上，为了方便学生吸收知识，我做了一些拼音卡片来辅助教学，并带领学生在学习新内容前复习巩固基础。针对笔画顺序不规范的问题，我就在课堂上带领他们一起边讲笔画顺序一边书写，平时批改作业时一旦发现问题就在旁边纠正。

关于写作，我会严格要求作文格式，写作前学习范文的写作方法、修辞等，对于个别毫无写作思绪的同学，我会提供一些写作范例，要求学生先说出完整的句子，再用笔书写出来。平时也会让他们积累些好句好段，然后互相分享。此后，学生们的读写能力和普通话水平都有了很大的进步。对于课文中涉及的一些需要采用直观教学方式才能让学生有效掌握的知识，我会提前跟指导教师商量使用录播教室进行授课（学校只有一个录播教室），或是通过幻灯片课件和短视频的形式将知识展现给学生，比如，在教授《飞向蓝天的恐龙》一文中，在讲述恐龙的演变过程时，播放相关视频再加上图片讲解，学生通常收获满满。

　　在顶岗支教实习过程中，有两名同学给我留下了深刻的印象。一个是小男孩——各日。之前带过他的教师们说他"调皮""不听话"，是个典型的"问题学生"，但是在和各日接触后，我发现他和老师们口中的他有很大出入。各日是四川人，周末住在学校，我最开始注意到他，是因为他的眼睛。他的两个眼睛充着血，我向他询问眼睛充血的原因，各日说是他在和姐姐玩耍时，不小心被玻璃划伤了，当时只有一只眼睛受伤，因为父母不在家，他又用水冲了冲眼睛，结果两只眼睛都充血了。各日的课堂表现很好，基本能跟上我的进度，回答问题也很积极。各日确实比其他儿童调皮，周末他在学校的时候，和泥、爬树等我都见过。他的父母在外打工，平日里缺少父母的陪伴，他只能自己找些趣事，所以比其他学生贪玩了些。可能是格外关注各日的缘故，他没有像之前那么怕我，也敢来我的宿舍打热水，我交代他的事情他也完成得很好，其他班的男生欺负班里的女生，他也会过去争论，有时候下课看见我出来打水，会帮我提水壶……"五一"的时候，我给他们布置了一篇小作文，主题是"我的家乡"，他们问我关于家乡的特产和自然风光，我让他们回家和父母交流，这时各日说："老师，我没有家长，我不回家。"听到这句话，我心里一酸，感觉很难受，这么小的年纪跟父母分开，一连几个月都见不到他们。然后我跟他说"五一"假期的时候可以来找我，我教他怎么写关于家乡的作文，放假第二天他就来找我了，还带着其他作业请我指教。通过与各日相处的这一个月，我对他有了不一样的看法，调皮只是他身上的一个点，从整体来说，我认为他是一个懂事、明事理、善良的孩子。

　　另一个是小男孩——小才，他是三年级学生，不太会讲普通话，我跟他说话，有时候需要其他学生翻译成藏族方言他才能明白。所以在语文方面的教学，我给他布置了与其他学生不同的任务。刚开始的时候他连"a、o、e"都不知道，所以我给他打印了一份声母和韵母表，从最基础的拼音开始教他。从3月末开始到学期快结束时，他已经能分得清声母和韵母，能看着拼音把字拼读出来。他的进步很大，但是在书写方面还有很大问题，讲生字的时候我给他讲得很详细，会在方格贴纸上一笔一画地去强调，但他写的还是"横七竖八"，生字的组词更不用说。我不得不从最简单的字开始教他，我找了一年级、二年级的语文书，让他从一年级的生字词开始写，我会让他在中午的时候过来找我，每天写生字，并通过和我对话来练习普通话。他的生字作业跟别人的不一样，其他同学写组词，我让他写笔顺。在此过程中，我看到了他的努力，现在小才的作业不说有多工整，但起码能看出他写的是什么字了。

这几个月的实习转瞬即逝，我还没有做好准备就到了离别的时刻，现在还清晰地记得在校园里生活的点点滴滴，从第一天和学生席地而睡，再到后来组织教研活动，彩排六一……到最后学生将手写信和野花束放在我的手上，一遍遍地叮嘱我，要回来看他们。看着这些稚嫩的脸庞，我不知下次再见是什么时候，但我祝愿他们永远开心、真诚、勇敢！这段旅程圆满落幕，我将带着这份热爱与坚定，奔赴下一场山海！

顶岗支教实习学校：久治县门堂乡民族寄宿制小学

闻见知行——我的教师成长路

韩兰花

坊间有种说法，"一流的教师育人，二流的教师教知识，三流的教师误人"。作为一位师范生，我虽然学习了大量的教育学、心理学理论知识与师范技能，但对一线教师应该具备怎样的专业素质与教学技能水平，应该朝着什么方向努力心存疑惑。带着这份疑惑，在循化县查汗都斯西滩小学支教的时候，我尝试通过我的所见之事与所做之事找到日后提高的突破点。

所见之事：以新课标理念引导教学，以爱化人

在顶岗支教实习期间，最让我印象深刻的是孙老师的语文公开课及其爱心行为所引发的学生反应。孙老师常常被老师和学生亲切地称为"欣儿老师"。她年满 60 岁，是来自上海的一名支教教师，工作兢兢业业，每周上 20 多节课，还经常加班到深夜。在欣儿老师的语文公开课上，她运用大单元课程设计思路将部编版五年级下册的语文教材进行了单元的重命名。在授课时，她以单元为整体，在第一课时讲这一单元的字词，第二课时讲这一单元的人物描写的方式，第三课时讲中心思想，第四课时进行单元总结，引导学生探讨与教材内容相关且符合学生生活经验与兴趣的延伸问题。她的课堂让我发现，已经有一线老师在教学工作中熟练运用大单元重构课程，激发调动学生的学习积极性。我认为欣儿老师这几节公开课的成功可以归因于课堂教学模式的变化。此前，一年级到四年级的语文老师都遵循一节课两个课时来讲解文章的生字词、中心思想和写作特点的教学范式。突然转变教学范式，学生

会认为这个课好有意思，听的人就更多了，因此语文课的质量提高了。所以我认为教师应该为课堂注入新鲜感，适当变化课堂教学方式。

作为分文不取的支教老师，欣儿老师不仅课教得好，有较高的教育学素养，还在为学生提供更好的物质学习条件与建设融洽友好的教育教学氛围费了不少心血。她隔三岔五给孩子们带来校服、运动器材、学习用品、六一儿童节礼物等。这些行为都为她建立友好互助的师生关系助力不少，让她得到了很多学生以及老师的青睐。然而，经过观察，我发现一些学生不懂得感恩，甚至认为欣儿老师理应为他们付出。因此，我对学生进行了感恩主题教育，让学生明白面对别人的善意帮助应心存感恩，不断努力提高自己的能力，将来将这份来自他人的善意传递下去。

所做之事：扎根课堂躬耕教学，以生为本激发兴趣

在实习期间，我执教时间最长的科目是五年级的英语。五年级的英语可以说是整个小学阶段英语学习的重难点。原因如下：第一，Unit 3 关于月份的单词又长又难记。例如，2 月的拼写为 February。第二，Unit 4 基数词与序数词的变化规律。学生在学习的过程中，容易混淆，分不清基数词和序数词的使用场景。第三，Unit 5 要求学生明确分清人称代词和物主代词、形容词性物主代词和名词性物主代词，难度较大。第四，Unit 5 和 Unit 6 主要学习现在时态和祈使句。学生必须明白什么是动词、什么是动词原形和什么是动词的现在分词。

教学过程中给我留下最深印象的事是我对如何选取人教版五年级英语教材的 Unit 4 part B 中的以生日为主题的 "Let's talk" 教学材料的思考过程。在教学设计的过程中，我一度没有想好如何进行这部分的教学。但转念一想，生日主题的教学任务与学生们日常生活密切联系，能引发学生用英语表达日常生活经验的兴趣。因此我决定让他们"过一次生日"。在上课之前，我提前让他们自己制作生日卡片（名字+生日），我将卡片收上来并打乱顺序，给每位同学发一张。开始上课后我先播放生日祝福歌，学生不自觉会跟着哼唱。当他们看到自己桌子上的设计精美的生日卡片后，慢慢安静下来了，细细观

赏别人的作品。我随意提问一个学生的生日，拿到该学生生日卡片的同学便起来回答他的生日。如：

T："When is Ma Ke's birthday？"

S："Ma Ke's birthday is on August 9th."

接下来，我让学生分别列举12位包含12个月份的生日日期。如此提问一段时间，学生们逐渐熟练，我便让他们在小组间相互用英文进行问答。随后，我引导学生找寻背月份单词的简单方法，并引入月份的缩写形式进行讲解。在进一步熟悉月份与基数词的基础上，我又有意加入序数词的知识点。具体来说，以马克同学的生日8月9日为例，我让学生解释什么是8月9日。有学生回答说：是8月份的第9天。说到这里，讲台下响起了掌声。就这样，"第"这个概念就产生了，序数词也就好讲了许多，学生也对这个知识点有了更加深刻的理解。快下课之际，我送给学生形态各异的糖果，看到他们脸上的笑容，突然醒悟，学生喜欢的应该是温馨、有探索性且贴近他们生活的课堂。

所想之事：践行反思性教学

在实习之前，我以为小学教师这份工作是一份很快活、很轻松的工作。但是，在实习结束后，我觉得育人是一份艰辛且伟大的工作。在这短暂的一个学期里，我所见与所思让我领悟到作为新教师，一定要戒骄戒躁，要因材施教，要时刻以一种学习的态度来对待自己的工作，注重经验的积累，不断提升将教育学理论知识与最新的教育研究成果应用于教学工作的能力，并提升对教育教学工作的观察、反思与解决问题的能力。最为重要的是要像欣儿老师一样，真心实意关爱学生，以育人为终身事业。

顶岗支教实习学校：循化县查汗都斯学区西滩小学

做一名"用心"的老师

马文秀

　　枝头的树叶从深绿变成微黄，再从微黄转成深金，随后随着微风，如一只只翩翩起舞的蝴蝶投入泥土的怀抱，最后枝头都挂满银条。转眼间，我已经经历了 4 个月的顶岗支教实习生活，每天清晨不需要闹钟响起，就能准时自动醒来，以最快的速度收拾好一切，准时去等待那班公交车。从一开始的茫然不知所措，到后来课堂氛围逐渐自在融洽。如今，顶岗支教实习也算结束了，但经历的一切仍历历在目。我最大的感受是，要做一名教师，一定要做一名"用心"的教师。

教师，经历之后我才懂了你

　　人们常用"春蚕到死丝方尽，蜡炬成灰泪始干"来比喻教师，也有人用"其身正，不令而行；其身不正，虽令不从"来形容教师，但更多的人用"太阳底下最光辉的职业"来形容教师，可我觉得没有真正去做一名教师，去体验作为一名教师的辛苦，就无法真正体会其中的幸福。长期以来，在很多人的观念里，教师这个职业应该是很清闲的，总以为教师只有备课、上课、批改作业这些看得见、摸得着的工作，却不知，教师还有大量的时间精力被耗费在那些和教学无关的事务上。

　　从开始顶岗支教实习以来，我晚上没有一次是准时下班的。人们常戏言教师过着"朝九晚五的生活"，但经历了实习之后，我才发现，人们看到的只是教师表面的光鲜亮丽，只看到了教师有两个假期，只看到了学校工作环境的简单，却忽视了其背后的辛酸，现实情况常常是"忙到怀疑人生"。经历了这一切之后，我觉得每一种职业都有光鲜亮丽的一面，同时其背后也夹杂着许多无奈和辛苦，我们需要做一个"有心""用心"的人，不管是在生活中，还是在工作中。

我与"小皮猴"们的日常

与这群"小皮猴"初见是我们初入学校的那天。学校要开展新学期开学典礼及低年级开笔礼。看着这些稚嫩的生命，我突然有了一种紧张和压力，望着他们惊奇的小眼神，听着他们叽叽喳喳的说话声，我强装镇定地开始了我与他们的相处日常。

作为跟班老师，我最主要的工作是协助班主任给他们整队、出操、放学等。我以为我会有充足的时间学会如何与他们相处，但意外总会来得那么突然。第二周的时候，这个班的班主任由于其他事情没有到校，这个班也成了一个"没有班主任老师"的班级。我和另一位顶岗支教实习教师临危受命，暂时共同负责起了这个班级。由于刚刚步入校园，孩子们还没习惯小学生的日常，所以，很多地方需要教师一步步引导。

课堂上，有人转头和后排同学说话，有人站起来跪在凳子上，有人一会儿拍一下左边同学，一会儿又拍一下右边同学。耳边传来各种叽叽喳喳的吵闹声和叫"老师"的告状声。都说"清官难断家务事"，我这个老师处理起学生的"矛盾"也同样"难"。费力维持好的纪律在五分钟之后又恢复原样，一节课下来，比跑一次马拉松还累人。

被这群"小皮猴""折磨"一段时间之后，我终于摸清了这些"小猴子"的秉性。我不再为让他们保持安静而大声维持秩序，我试着"用心"去观察每个孩子，"用心"去寻找解决问题的办法。我发现小孩子喜欢被关注，那些总喜欢调皮捣蛋的孩子，调皮捣蛋并不是他们的本意，他们只是希望老师多关注他们。即便是被很多老师认定为无可救药的孩子，当我们去走近他，试着去摸摸他的头，去拍拍他的肩，试着去找到他身上的一个优点，试着去夸夸他，也会有很不一样的效果。尤其是在语文写字课上，我会一边示范，一边让他们写。当堂将写得好的字用红笔画上小苹果，写得不好的字，耐心地给他们指导，教他们怎么写能够更好看，每当这个时候，他们就变成了最听话的乖孩子。在这样的课堂上我发现连平时最调皮捣蛋的孩子，也能把字写得特别规范，特别好看。不是我夸大其词，有些孩子写出的字竟然会让老师都觉得惭愧，难以想象这样的字是出自刚入学一年级不到两周的孩子之手。

课堂外，他们又是一群小天使。每天放学带着他们走出学校时，他们会一个一个跑到我面前跟我说"老师，再见"，得到我的回应之后才蹦蹦跳跳地跑出校门；他们会在课间或者放学后把自己的零食塞给我，然后快速地跑掉；他们会在校外遇到我时大声喊"老师好"，冲着我开心地笑；他们会在下楼梯时突然牵住我的手；他们会突然抱住我的腿，仰着头用亮晶晶的眼睛望着我，也会在课上认真做橡皮泥小玩偶，还会画画送给我。每一天，我都会被他们的小举动萌化，心里泛着小泡泡。

人生的每一场经历，都是一段促进自我成长的历程。当我用心去做这些事时，才发现，原来一切没有那么难。虽然过程中有迷茫、有艰辛，但在经历之后，收获满满。顶岗支教实习的这场经历将会是我日后引以为傲的事情，也将会是我独一无二的精神财富。

顶岗支教实习学校：西宁市静雅小学

用心培育每一颗种子

闹吾桑宝

何为师？韩愈曾云："师者，所以传道受业解惑也。"然而以此作为答案却显得公式化而有些牵强附会了，从进入师范大学成为计算机学院的一名学生开始，这个问题就时刻困扰着我，让我片刻不得安宁。

然而我知道，这个问题仍是我想要成为一名合格教师所必须直面和解答的。9月，从师范大学出发赴玉树藏族自治州囊谦县第一民族中学顶岗支教实习，给了我回答这个问题的机会。

初入中学，一股清新扑鼻的泥土气息回荡鼻尖，琅琅的读书声，声声入耳。然而，或许是因为刚开学，那读书声中透露出些许疲倦懒惰和懈怠的意味，走近一看，果然坐在靠近教室门口的学生正斜躺在桌子上，有一声没一声地念着课本上在他看来晦涩难懂的文言文。

"老师好！"

问好声唤回了我的思绪，竟是那个学生看到我们一行人的到来激动地大声招呼，班级的同学们听到他的声音纷纷转头向我们看来，"老师好"的声音在教室的各个位置响了起来，甚至有学生站起来朝我们挥手，我能从孩子们清澈的眼神中看到幸福、憧憬以及希望。我生平从未感觉到自己的言辞竟然如此匮乏，原本平静的心似一潭湖水被扔进了一块石头，涟漪微荡，久久不能平静。

在这几个月的顶岗支教实习中，我逐渐融入学生，学生成了我生活的一部分。在这期间我感受到了孩子们的天真无邪，上课的时候，学生们会用充满渴望的眼神望着我，并积极回答问题；在课间孩子们也会和我一起聊天，向我咨询他们的疑问，跟我分享他们的乐事，我也会在他们表现好的时候给他们买文具和零食以示鼓励。随后，这群可爱的学生使我的生活方式和思想发生了变化，之前我对生活的态度有点得过且过，只要事情完成就好，但是现在我改变了，我会备课到深夜，我会努力向其他老教师请教，只为上好一节课，我不想给孩子们带来遗憾。渐渐地，我发现我喜欢上了这样的生活。

在顶岗支教实习期间，县里举办了足球比赛，我作为一个足球爱好者，主动承担起了陪练的工作。当我第一天进入足球队，主教练向孩子们介绍我时，没有我预想的生疏，孩子们都热情地鼓起了掌，与他们的第一天训练在欢乐与汗水中度过。之后的训练，孩子们也都非常努力。

有个名叫扎西的同学，接受能力比较弱，其他人都学会了，他还不能顺利地完成整个动作，我发现他的心情明显低落，在后续其他的训练中也有点心不在焉。之前点球进球率非常高的他，今天却一个球也没有进。在训练结束后我将他单独留了下来，我能看见晶莹的泪光在他眼睛里闪烁，我拍了拍他的肩膀，说："男儿有泪不轻弹。"扎西同学低着头，像一个犯错的小孩子，说："我练不会，我怕会拖大家后腿。"我双手搭在他的肩膀上，说："不用怕，你要看到你的长处，你的点球进球率很高，其他动作没有立即学会也没事，我陪你一起练。"扎西同学擦了擦眼泪，点了点头，就开始独自练起来。"我成功了！"扎西同学兴奋地跳了起来，我跑过去跟他击了掌。我说："你看，你做到了！以后要对自己有信心！"从那天之后，扎西同学训练更加卖力刻苦，几乎每次都是第一个到训练场，最后一个离开训练场。其他同学在他的影响下，训练也非常认真，大家也都会互相帮助。在后期的训练中，大家开始主动找我挑战了，我从胜率百分之百，到后来的百分之六七十，可见他们的进步是非常明显的。

11月29日，比赛的前一天，训练完后同学们没了往日的活泼，而是满怀心事地站在操场，看到此情此景，我带他们进了教室，开始和他们谈心，原来是他们怕第二天的比赛会输，所以压力很大。我开导他们："比赛只不过是检验我们训练成果的一种方式，结果固然重要，但是最重要的是这一段时间你们收获了什么，我看到了你们的集体责任感，看到了你们努力训练的样子，看到了你们互帮互助，这就足够了，明天比完赛，不论结果如何，我都替大家开心！"孩子们听完了我的话，又恢复了以往的活力。11月30日，一大早我就在操场等着孩子们，为他们加油鼓劲。在比赛场上，我觉得他们意气风发，仿佛这里就是他们的主战场。经过奋力拼搏，我的学生最终荣获亚军，我非常开心，这段时间的努力也有了一个好的结果。比赛结束后，我们久久相拥，庆祝的声音响彻整个赛场。

实习是每一个师范生必须拥有的一段经历，它使我们在实践中了解社会，在实践中巩固知识，让我们学到很多在课堂上学不到的知识，既开阔了视野，又增长了见识，是我们真正走向工作岗位的第一步。这次的顶岗支教实习经历使我收获了很多，让我感受最深的就是教师一定要有耐心。在教师日常教学工作中，要做好教学工作，耐心是必不可少的要素。

这次的实习经历也解答了我起初对于教师的困惑。教师到底是什么？教师是帮助学生成长的陪伴者和引导者，是学生锤炼品格的引路人，是学生学习知识的引路人、学生创新思维的引路人、学生奉献祖国的引路人。从足球比赛的训练到最后的比赛，不单单学生们的能力在提升，我的能力也在不断提升。在陪伴学生成长的过程中，我与学生实现了共同成长。

顶岗支教实习学校：囊谦县第一民族中学

支教之行，知行合一

李生舜

顶岗支教实习是师范生将理论知识运用于教学实践的有效方式，是帮助师范生快速成长的重要途径，也是新手教师习得专业知识、掌握教学技能的成长之路。作为一名小学教育全科专业的师范生，我也积极服从学校安排，参与此次顶岗支教实习。为期4个月的顶岗支教实习生活让我收获颇丰、感触良多。

3月14日，怀着期望、紧张的心情，我与其他同学一起来到了位于海东市平安区的第二小学教育集团。这所学校占地1600多平方米，共有3栋教学楼，整体环境较为优美且读书氛围浓厚。在此次顶岗支教实习过程中，我所在的班级为一年级（2）班，班里共有43位学生。但到4月份时，一些原因使得我所在班级的学生突然增多。班级狭小，学生数量较多，学生与学生之间的距离较近，再加上学生年龄较小，注意力容易被其他事物吸引，所以班里学生的纪律不太好维持，但同学们那渴求知识的模样令我难以忘却。伴随着孩子们的读书声、欢笑声，我开始了为期4个月的顶岗支教实习生活……

顶岗支教实习中期，由于五年级（3）班有老师出去培训学习，学校又安排我负责五年级（3）班的语文课程。来到五年级（3）班以后，有位"特殊"的同学吸引了我的注意，这也让我更进一步体会到了家庭环境对孩子成长的重要影响。甲同学在班里总是一个人坐着，没有同桌，同学们也不愿意和他说话，有些孤僻。后来在与班主任老师的交流中了解到，甲同学患有狂躁症。并且，他的父母早年离异，他平时跟着父亲一起生活，但父亲在外上班，很少回家，家里还有个重病的奶奶，奶奶年事已高，还患有疾病，因此只能为甲同学做些饭菜，很难有精力关心和照顾甲同学。更令我吃惊的是，班级里学生父母离异的情况并不少见，家里负担较大，所以这些孩子大多数是和爷爷奶奶、外公外婆一起生活的。有些孩子表现得郁郁寡欢，有的孩子表现得心事重重、容易被激怒，与同龄孩子关系紧张，甚至自暴自弃，进而产生一系列的心理问题并造成行为的偏差。

针对班级里存在的这种情况，我与班主任老师及其他任科老师进行了沟通交流，希望能够得到一些启发。印象最深刻的是，有位班主任老师说："作为班主任老师，与孩子们相处的时间其实更长，关心照顾孩子们的责任其实也更重。在日常生活中，要重视离异家庭孩子的心理状况，正确认识到心理问题对一个孩子成长的影响。首先应该深入地了解这些孩子的脾气性格。多接触观察，通过观察他们的言行，把握他们的脾气秉性；多调查分析，通过与学生本人进行沟通或者与同学、家长进行谈话，对所获得的印象材料进行认真分析。然后再根据学生不同个性的心理特征，采取相应的方式方法施教，改善他们的心理状态和精神面貌，帮助他们更好地学习、生活。并且在此过程中，还要注意尊重和保护学生的隐私，要善于发现这些孩子的闪光之处，不因为家庭情况对学生产生偏见，这容易再次对学生的心理造成伤害。"这位班主任老师的一番话让我受益匪浅，我开始慢慢去了解他们，慢慢走进他们的内心世界。

经过一段时间的观察，我发现甲同学有很强的自尊心，家里父母离异，担心其他同学会因为这件事嘲笑他，因此他总是一个人，不愿意与其他人交流。但同时，我也发现了甲同学的"闪光点"。在一次课间，甲同学正趴在桌上写写画画，十分认真，这吸引了我的注意，我悄悄地走到甲同学的身后想要看看他在做什么，这一看让我十分惊讶，他画了一个正方体、三棱锥、圆柱体，对一个五年级的学生来说，这其实并不是一件简单的事情。

后来我渐渐发现，对于数学几何方面的知识，甲同学也十分感兴趣，在一堂数学课中，当问到图形对应的三视图时，他积极举手回答了问题。对美术绘画的热爱，也让他在数学学习中变得更积极。这让我深刻体会到班主任老师口中"发现孩子们的闪光之处"的深刻含义，也让我想起了《地球上的星星》这部影片。

每一个孩子都是一颗星星，在浩瀚的宇宙中，有着自己独特的光芒。而老师要做的就是守护这一颗颗星星，使他们快乐健康成长，引导孩子，陪伴孩子，给每一个孩子散发光芒的时间和机会，用心、用情、用爱温柔以待。

　　顶岗支教实习时光虽然短暂，但让我收获满满。这次宝贵的经历让我更加清晰地认识到教育的重要性。作为一名教师，我的责任不仅是传授知识，更重要的是帮助孩子们树立正确的世界观、人生观、价值观。教育是一种使命，是一种奉献，作为教育者，我们要尽最大的努力去影响和改变学生，让他们能够成为有担当的人、有思想的人、有文化的人。此外，在与甲同学的相处中，也让我了解到每个学生都是独一无二的个体，他们有着不同的需求和差异。作为老师，我们要尽可能地了解学生的情况，做到因材施教。

　　　　顶岗支教实习学校：海东市平安区第二小学教育集团

上　课

张铭辉

　　3月14日上午8时，在驻地指导老师的带领下，我们先是随着队伍出发，前往海东市乐都区，乐都区教育局为我们举办了热烈的欢迎仪式。之后，各实习学校领导便带领本校实习老师抵达各支教点，熟悉周边情况并安排食宿。我被分配到了贾湾中心学校，学校的领导们对实习教师都非常重视，为我们的支教生活提供了一个良好、舒适的环境。

　　在开始实习的第一周里，我跟随两位老师分别进行语文和数学的课堂观摩学习，学习一线优秀教师的课堂教学方法和课堂管理技巧，帮助两位老师批改作业，解决学生在学习中遇到的问题。在和三年级两个班的学生相处过程中，我感受到了学生们的活泼好动、天真烂漫和他们的奇思妙想，也对接下来的实习生活充满了期待。

　　一周的观摩学习结束后，在学校及指导老师的安排下，我开始走进课堂进行实际教学工作，迎来了人生中的第一堂课。为了这节课我准备了许久，搜索了许多优秀教学视频观看学习，教学设计、教学流程等也都修改过很多遍。尽管如此，当我真正迈上讲台，面对一屋子的学生时，心中仍有紧张和担心。

　　马上要上课了，我强装镇定走进了教室，看着一双双好奇的眼睛，心中不断暗示自己："不要紧张，我可以的！""上课！""起立！""同学们好！""老师好！"在熟悉的开场白过后，开始了我的第一堂课。本节课的内容是《池子与河流》，按照我的安排，首先从课题入手，引导学生通过听范读，自己初读课文，感知课文内容。其次，采用多种方式朗读文中的对话，比较人物的不同想法。再次，联系生活经验，发表见解，读懂故事蕴含的道理。最后，对知识点进行运用——前后引号的用法。然而理想很丰满，现实很骨感。尽管我认为我的教学设计已经十分完备，可是在课堂中还是遇到了意想不到的问题。比如，同学们很少积极主动回答我提出的问题，有的同学甚至一脸茫然，一无所知，这让我满怀激情的心立马凉了一截。在书写板书时，由于对板书的设计不充分和内心紧张，书写时没有把握好书写位置和大小，到后来字都挤到了一起，大家对课程的理解难免受到了影响。对于教学内容不够熟悉，有时大脑会突然断片，话到嘴边就是说不出来。最后不出所料，课程没有按照预期的计划讲完，也没收获到预期的效果。

对于第一次上课的经验，我的反思与总结有以下几点。第一，课前准备仍然不够充分。把教学流程设计好后忽略了一些细节，比如，时间的分配、板书的设计、问题的设置、本班学生的知识水平和接受能力等。第二，处理问题的能力不足。当课堂教学未按预期计划进行时自己先乱了阵脚，导致学生们出现躁动和对学习失去兴趣。第三，不能很好地把握学生的课堂生成。为了完成教学设计，有点牵着学生鼻子走的心理，不能真正以学定教。语文教学是预设与生成，封闭与开放的矛盾一体。教师应学会倾听，去获取来自学生的一切信息，点燃学生思维的火花。经历了第一次上课失败的教训，我发现了自身存在很多不足以及需要注意的问题，也明白了做好一名老师的道路并不平坦。

自此，在以后每次备课讲课后，我都会积极与指导老师沟通课堂教学中遇到的问题，探寻合理的方法解决这些问题。为充分体现因材施教的教育理念，我还会积极向所教班级的班主任了解该班学生的个性特点，及时调整适宜的教学方式方法。闲暇时间我还会与同事讨论教学方法，交流各自的教学心得，互相分享教学资源，以便我们及时发现和改正自己教学过程中存在的问题，真正提升自己的教学能力。经历了以一个教师的身份站上讲台、教授知识、批改作业、管理班级的过程后，我渐渐体会到作为一名教师的神圣，也渐渐对如何做好一名老师有了眉目。

这所学校每学期还会组织一线教师讲公开课，开展教学研讨会，让教师们互相学习，分享自己的教学经验。我也跟随他们参与其中，在观摩多位优秀教师的教学活动后，我受益良多。在与各位老师分享交流经验的同时，我也在反思自己的课堂教学活动，在教学中是否关注到了每一位学生，任务难度是否符合学生的现有水平。显然，我的课堂还存在着许多不足，但我相信经过不断的努力与实践一定会越来越好。

　　时光飞逝，顶岗支教实习工作已经过去了 3 个多月。在这 3 个月里，我收获颇多。在这里，我学会了如何独立组织教学活动，如何与学生沟通交流，如何与同事团结协作。从刚开始的手足无措到慢慢适应，再到游刃有余，我最大的感受就是忙碌且充实。这次顶岗支教实习经历，丰富了我的专业知识，增长了我的阅历，了解到了孩子们的纯真、乐观以及他们对知识的渴求，同时也深深净化了我的心灵，让我受益匪浅。

　　总而言之，这段实习经历更加坚定了我成为一名卓越教师的决心，希望我不忘初心、砥砺前行，在追求卓越的道路上越走越远。

　　　　　　　　　　　　　　　顶岗支教实习学校：乐都区贾湾中心学校

对低年级教学的反思

玛尼措

 不久前，我们一行人怀着期盼与激动的心情开始了为期 4 个月的顶岗支教实习生活。这次实习对我来说具有非凡的意义，因为实习的地点是我的母校。再次踏入这所学校，我的身份由学生转变成了老师，这让我不禁感叹万分。在未来的 4 个月，我将在这里体验一段与众不同的家乡情缘，这让我倍加期待，同时也让我略感不安。

 我顶岗支教实习的学校是化隆县思源实验学校，在当地人的眼里，这是一所响当当的好学校。刚到思源实验学校，校长没有马上给我安排教学任务，而是让我去听老教师的课，同时做班主任的助手，学习他们管理课堂与班级的经验。这一安排给了我与学生们更多的相处时间，让我能更加深入地去了解低年龄段学生的特点。一开始与学生们相处的时候，他们的天真和活泼让我感到欣喜，我看到了不同学生面对新老师时的表现，有些孩子是害羞、胆怯，有些孩子是调皮、活泼。在与这些学生相处一段时间后，我发现他们本性纯粹，只是性格不同，导致他们在面对事情的时候做法也不同。那些有点胆怯的孩子在面对困难时会退缩，不知所措，更不容易向老师求助。而那些有点调皮的孩子通常不知道如何表达自己的想法，特别是在面对困难、挫折和学习生活中的难题时，他们可能会用一些表象行为来表达内心的需求，如排斥学习等。这一发现让我开始反思，作为一名教育工作者，我们应该更好地理解并引导这些孩子。用耐心和关爱的态度去倾听他们内心的声音，帮助他们学会如何更有效地表达自己的想法。与此同时，我们也应该通过适当的教育方法来帮助他们克服困难和挫折，培养出坚忍的意志和积极的学习态度。

因为每个孩子都是独一无二的个体，他们需要老师去理解和尊重他们的个性差异。只有通过爱与关怀，我们才能真正帮助他们成长，并为他们创造一个积极而富有成效的学习环境。

在我当班主任助理的时候，班上有一个小男孩，总是对老师和家长的话充耳不闻，哪怕他被安排坐在讲台的前面，他的心思依然飘游在课堂之外。因此，他给我的印象一直都是不合作、不听话、难以管教。然而，在一次运动会上，我对他的印象发生了翻天覆地的改变。

那天，接力赛正进行着，他作为第三棒的选手在接力棒交接时，不幸与第四棒的同学发生了碰撞，导致我们班没有赢得比赛，与原本近在咫尺的奖杯擦肩而过。这引起了班级里大部分同学的不满，纷纷埋怨指责他和第四棒的同学。面对这个情况，他没有像往常一样不理睬、不说话，而是勇敢地承认了自己的错误，在全班同学面前检讨自己的行为。这一幕不仅让全班同学哑口无言，也让我对他刮目相看。他没有逃避责任，没有找借口，而是以自身的错误为鉴，展现出了他独特的坚韧和勇气。于是，我找到班主任，跟他描述这件事，班主任就他的行为与班里的同学进行了一次深刻的谈话，期间多次称赞他的行为，鼓励同学们向他学习，在班里公开表扬他。

从那以后，小男孩的改变令人难以置信。他开始认真听讲，积极与同学和老师沟通，对待问题时更加积极主动。他不再把自己封闭在小世界里，而是开始踏出自己的舒适区，与人建立起更紧密的联系。班级中的同学们也逐渐意识到他的变化，并给予了他更多的理解和支持。

我也为这个小男孩的转变感到由衷的高兴，他的转变过程也让我深受启发。作为一名教育工作者，我们应该以积极的心态去面对每个孩子，挖掘他们的潜力，引导他们走向更加光明的未来。我印象中的那个调皮捣蛋的孩子，是我片面地用他在课堂上的表现去评价他而造成的偏差。我意识到我们总是刻意地用自己的评价标准来要求学生，所以在大多数人眼里，他是顽皮的、不听话的、难管教的。可换一个角度看，他只是缺乏老师和同学们的关注与认可。因此，当他得到这些后，他变得愿意与人交流。每个孩子都有他们独特的成长之路，但是正确认识他们的行为并给予正确的引导，能够激发他们的内在力量。尊重和关注每个孩子的独特需求和个性差异，培养他们的自信心和正面行为，给他们提供成长的机会和环境，才是真正帮助他们成长的关键。

在这为期 4 个月的顶岗支教实习生活中，我除了在班级管理上有收获，还在课堂教学上有很多收获。在听课阶段，我听的内容不仅是书本上的知识，更重要的是学习老教师如何上课，学习他传授知识的方式、上课的节奏、管控课堂的方式等。经过几周的听课，我总结出要想上好一堂课，教师不仅要对所讲的知识掌握透彻，还要对班级学生的课堂纪律、积极性调动方面都控制得当。因此，我在听课的过程中，着重关注老教师对课堂把控的方式。除此之外，在听课阶段，我还会帮老教师批改学生的作业，并在课堂上对学生讲作业上的练习题，慢慢积累自己的教学经验。到顶岗支教实习的第二个月，我才真正开始我的第一堂课。上第一堂课时我比较紧张，语速也较快。因此，上课时间才用了一半我就把新课讲完了，这一意外让我开始慌了，以至于在让学生做巩固练习的时候，我讲得很乱，把自己的节奏打乱了，可以说我的第一节课是很失败的。但经过这节课的锻炼总结，我发现，虽然我有了老教师的经验传授，但是由于没有实践操作，还是无法转化成自己的经验。于是，我在课后不断模拟上课的场景，一遍又一遍地练习讲课，渐渐地，我上课慢慢变得流畅、顺利。我也不断反思总结经验，这让我对上好课有了更进一步的认识。

当好一名老师，一定要有牢固的基础知识和扎实的基本功，对每一个知识点，都要做到既知其然，又知其所以然，只有这样才能给予学生他们真正需要的东西。还要有教学方面的专业知识。备课时，一是备教材，要多方面收集材料，仔细地钻研教材，然后对教材进行分析整合，使知识更具整体性、系统性。二是备学生，要充分考虑学生是怎么想的，会怎么回答等。同时，要会运用所学的计算机基础知识，制作知识性与趣味性兼具的多媒体课件，提高学生学习的兴趣。授课时，要根据授课内容的特点，结合班级学生的实际，灵活选用多种教学方法进行教学，比如，同桌互说、小组讨论等，这样可以提高学生的上课积极性，来达到较好的教学效果。

我们的课堂应像是一片广阔的原野，不应局限于传统的教学模式，而是要容纳各种各样的学习方式和思维方式。在这片自由的土地上，学生们可以跳跃、奔跑，追求自己的兴趣和热爱，让学生们敢于展现自己独特的视角，尊重他们的思考方式。只有这样，我们的教育才能更加绚丽多彩，才能激发出每个学生内在的潜能，帮助他们在未来的道路上更加自信，走向成功。

顶岗支教实习学校：化隆县思源实验学校

第一次做教师

杨永德

顶岗支教实习是一种经历、一种磨炼，更是一种人生财富。回味那年的点点滴滴，孩子们真诚的眼神仿佛又一帧帧映入我眼帘。我所在的学校是西宁市海湖中学。海湖中学原名青海湟川中学第二分校，成立于 2004 年，学校占地面积约 54.1 亩（3.6 公顷）。借助海湖新区良好的发展势头，学校发展一年上一个新台阶。校园环境优美、清新自然、幽静典雅，有着浓郁的文化氛围。学校有一支敬业奉献、业务精湛的学习型和学术型师资队伍，高级教师、硕士以上学历教师居多。在教育教学上取得了喜人的成绩，获得过全国五四红旗团委、全国青少年校园排球特色学校等多项荣誉，办学成绩也赢得了家长和社会各界的广泛认可。

在海湖中学顶岗支教实习之初，我告诉自己要全身心投入教学工作中，精心备好、上好每一节课，用心去关爱每一个孩子。工作中，更要严格要求自己，服从支教学校的各项工作安排。课堂上，我用爱心去感染一颗颗幼小的心灵，让孩子们快乐、轻松地学习，孩子们的进步、孩子们的健康成长是我最大的愿望。

第一次作为老师正式上岗，难免心中有些许忐忑。我幽默地给他们做了自我介绍，耐心地鼓励他们，细心地为他们讲授每一个知识点。从他们熠熠发光的眼神中，我看到了他们对知识的渴求；从他们的踊跃回答中，我看到了他们对学习充满的热情。课间十分钟，和孩子们一起打乒乓球、跳皮筋，看到他们一双双纯真的洋溢着快乐的眼睛和一张张可爱的绽放着幸福的笑脸，面对他们时心中那份未知的忐忑不知不觉间已消失得无影无踪。

在生活中，无论是走在学校的林荫小路上，还是奔走于教室之间，只要遇上孩子们，他们都会亲切地叫上一句："老师好！"有几个调皮的孩子会围着我反复地说："老师好！"开始我真的不习惯仅有一面之缘的人对自己这么亲切，总想为他们做些什么，想着如何才能去回报他们对自己的好。其实他们只是想表达自己对新老师的欢迎，当我对他们有所回应，摸摸他们的脑袋，握握他们的小手，或仅仅回以一个微笑，他们便会开开心心、蹦蹦跳跳地走开。孩子们以他们独特的方式欢迎着我们这些远道而来的老师，殊不知他们最单纯的美好正在为我们编织着新奇与美妙的回忆，让我的心里感到如此温暖和安逸。

教育教学并非易事，在这个过程中，我收获良多。记得有一个小女孩常常因为课后习题做不出来而哭泣。我私下询问她："最近有什么困难，可以和老师说一说吗？"小女孩低下头，眼神时而闪躲，可以看出她对我仍有防备，紧接着我握着她的手说："我不希望你会因为一些事而不开心，你笑起来可好看了！如果可以的话，你可以把我当成朋友的！不要把委屈憋在心里，可以往外倒一倒。"于是小女孩缓缓抬起头，委屈道："老师留的习题我老是不会做，太难了。"我说："老师知道你是一个要强的孩子，但是我们应该多一些耐心，题现在不会做，不代表以后仍不会做。如果看一题会一题，那还需要老师干什么呢？"小女孩终于情绪稳定了下来，之后我便将习题一步步拆解，与她共同探讨，启发她联系所学知识找到问题解决的突破口，在她耐心地认真解题的过程中，我们很快得出了答案，她也露出了微笑。我夸她："你做得很棒，刚刚你稳下心认真地读题，再联系所学，答案就出来了，看来你很有潜力啊，一点就通！"小女孩儿愈加委屈，眼里浸满泪水，我被这一幕完全惊到了，不知道自己说错了什么，突然手足无措起来。我小心地问道："你怎么了？"她哽咽道："老师你刚刚夸我，可我的父母从来没有夸过我，他们只会指责我头脑笨，学习白费时间。"听到这些，我顿时一阵酸楚，安慰着她说："父母都是爱孩子的，可能他们太期望你有出息，可能着急说了伤人的话，我们做好我们自己，我相信他们会看到你的努力的！"这之后，我发现孩子学习困难可能与父母忽视孩子发展及不正当的教育观念有很大关系，于是专门私下与其父母沟通，引导其树立正确的儿童观、教育观，对孩子多一些关爱与理解，提供好教育支持，共同促进孩子的身心健康发展。日复一日，小女孩儿的笑容越发洋溢，成绩也慢慢提上来了。当然不只是这一个小女孩，教学实践生活中，有诸多事情需要解决，每一个孩子都有不同的需求，我能做到的便是竭尽全力维护孩子眼中对美好未来的希望之光，我希望每一个小孩的脸上都能洋溢着天真的笑容。

这件事对我影响颇深，我认识到想要教育好孩子，促进孩子发展，就必须真正理解孩子发展当前所处的阶段和处境，了解孩子的真正需求，真正从孩子的角度思考问题，充分尊重和理解孩子，认识到每一个孩子都是发展中的人，要用发展的眼光看待问题。对于学习上比较吃力的学生，要给予更多的鼓励与支持，使之体验到成功的喜悦。除此之外，还要联合各种可利用的资源，加强家校合作，关注孩子成长的方方面面，处理好各种关系，以期发挥教育合力。

4个月的顶岗支教实习给了我认识自己、锻炼自己的良好平台，在这4个月中，我深刻地体会到教师这个职业的辛苦以及教师工作的琐碎，真正懂得了如何将专业知识运用到实际的课堂中。这短暂却有意义的支教生涯，锻炼了我的合作能力与团队意识，提高了我的教学技能，综合素质也得到较大提高。

从学生到教师角色的转换绝对不仅仅是一个称呼的改变，早已习惯沐浴在爱的阳光中的我们，如今要学会向学生传递爱。于是我们从接受爱变成了奉献爱。只要人人都献出一点爱，世界将会是美好的人间。教师在教授知识的过程之中传递着对于教育事业、对于学生深厚的爱，教育环境会变得更加美好。

我想这是实习生活送给我的一个芬芳的苹果，那黄灿灿的色泽与香浓的滋味能够震撼心灵，令人久久迷恋。

顶岗支教实习学校：西宁市海湖中学

充满渴望的眼睛

李积璞

秋冬学期伊始，我作为师范大学的一名顶岗支教实习生，与其他34名同学一起踏上了前往玉树藏族自治州囊谦县的支教之路。囊谦县地处青藏高原腹地，全境平均海拔较高，与西藏昌都接壤，是青海省最南端的地方。"士不可以不弘毅，任重而道远。"千余公里关山阻隔，坐在大巴车上行驶了足足两天，着实让我们有些劳累，但这丝毫没有影响我们盼望到达目的地以及开始支教的幸福时刻。

9月5日，我们终于顺利抵达囊谦县城。随后，我被分配到囊谦县第二完全小学（以下简称二完小）。到达二完小时，已是下午放学时间，一些学生看到我们都脱帽鞠躬并用标准的普通话问"老师好"，刹那间，作为人民教师的自豪感油然而生。初来囊谦，热情好客的人们以及淳朴的民风给我留下了深刻的印象。囊谦牧区的孩子有一种独特的纯真，他们纯洁的眼睛里充满了期待。

接下来的第一项任务就是适应环境，对这里的饮食住宿等都有些不适应，海拔高、气候严酷、交通不便，条件有些艰苦。远离了城市的繁华与舒适的生活，到祖国需要的地方放光发热，这是当代大学生应有的理想与追求。因此，在支教的过程中我不断完善自己，尽自己最大努力为这里的孩子们提供帮助，并将自己学到的理论付诸实践，并进一步从教育教学实践中学习，我认为这是顶岗支教的意义所在，支教的时光就是一种历练，是一种沉淀，更是一种学习。

结束了前期的各种行政服务，从第三周开始我们正式进入了日常教学工作。说实话一开始我对教学工作信心不足，为此学校为我们安排了很多公开课，在不断听课过程中，我深感教学是一门艺术，课堂语言是这种艺术的传达方式。通过一段时间的听课与学习，我的课堂组织能力有了长足进步，课堂教学技能也有了很大提高。

因为所学专业为美术，所以实习学校给我安排的是三、四年级的美术课。美术课不仅可以培养学生良好的审美观，还可以提高学生感受美、欣赏美、创造美的能力，丰富学生的想象力，提升学生的创新能力。因此，在每个班的第一节课，我都会问学生的兴趣、习惯、梦想等，为以后的教学做好准备。

囊谦属于偏远农牧区，社会经济发展较为缓慢，学生对外界各方面的了解也比较少，所以每次上课我在教他们美术知识的同时，还会讲大山之外的精彩世界，他们一双双清澈透明的眼睛里充满了惊喜与渴望，下课的时候他们经常会把自己画的作品送给我。我在此之前，并没有接触过儿童画，看到他们画的作品，不得不佩服他们天马行空的想象力。这些孩子的心灵是纯净的，在绘画作品上也表现出一种特别的灵感。

在我教的三年级中有一个小男生，对绘画有一种天生的感觉，每幅作品都有自己的风格与特点。他经常找我聊关于我学美术的经历，我也会耐心地为他讲解我学习美术的各种故事，每每说到大学中的美术课程、绘画形式还有大学里的美术画室时，他总是特别开心，也特别期待，眼睛里面充满了渴望。当他告诉我，他要努力成为像我一样的美术老师或画家时，我微笑着告诉他："你一定可以，只要努力学习，梦想肯定会实现。"

在我看来，教师不仅仅是学生人生道路上的引路人，更是他们生活中的榜样，所以自身的学习也很重要，只有优秀的自己才能成为学生的榜样，才能真正做学生人生道路上的引路人。同时，要注意自身对学生的引导。作为教师，首先应该关心学生的心理状态，把握学生的思想，让学生从心理上正确认识学习。其次，要关心学生的生活，只有了解学生的生活状态，才能认识到学生所存在的问题，之后再慢慢改进。对于学习，教师应该为学生制定一定的学习目标，让学生有奋斗的方向，为学生指引前进的道路。教师也应该不断提高自己，跟随时代的发展，拓宽自己的视野，这样才能够帮助学生学到更多的新知识。

时间转瞬即逝，转眼间顶岗支教时光已过大半。这几个月在与前辈和学生的相处中，我成长了很多，这次的顶岗支教对我来说确实是浓墨重彩的一笔，是一种历练，也是一种沉淀，对我未来的工作更是一种铺垫，必将对我以后的生活与职业发展产生重要影响。再过一段时间就要回去了，我觉得我一定会想念这个地方，想念这些孩子们。人生永远处在起点与起点之间，而不是处在起点与终点之间，我们要不断地去创造生命的全新起点。现在，眼下的这个起点将要告一段落，我将踏上下一个起点开始新的征程。

总之，还有许许多多，都将成为记忆，我将把它永远藏在自己的心里。有多少付出，就会有多少收获。支教生活给了我一段无极限的体验和感受，给自己人生画下了永不磨灭的一笔，我的人生因为它而更加丰富和精彩。我不知道我还会有怎样美妙的人生，我也不知道自己在未来的教育事业上会有什么作为，但是我很感谢在师范大学度过了自己4年的本科时光，它给我提供了广阔的学习平台，帮我确定了自己的人生方向。同时，也谢谢老师们的教诲，谢谢顶岗支教实习学校对我们无微不至的关怀。在以后自己的教学生涯中，我也一定会怀着更大的志向，抱有更高的理想，珍惜时光，发奋努力，用丰硕的成果和辉煌的成绩，回报国家、回报社会、回报学校、回报学生。

最后，祝囊谦县第二完全小学的明天越来越好！

顶岗支教实习学校：囊谦县第二完全小学

青春之花绽放在讲台上

李成超

顶岗支教实习是每一个师范生人生中一段宝贵的经历，它使学生在实践中了解社会，在实践中巩固知识，同时也是对每一位师范生所学专业知识的一种检验，它让师范生学到了很多在课堂上学不到的知识，既开阔了视野，又增长了见识，是以后正式走向讲台的关键一步。3月14日，我怀着激动的心情迎来了期待已久的顶岗支教实习之旅。当我坐上前往顶岗支教实习学校的大巴车的那一刻起，我知道我将经历一段特殊的、不平凡的但是充满收获的旅程，这段旅程必定在我的生命中写下浓墨重彩的一笔，必定会在我的生命中留下绚烂多彩的回忆，也必定会给我带来生命中无与伦比的财富。

毫无疑问，顶岗支教实习生活是充满艰辛和挑战的。当我们初见山甲学校，映入眼帘的是一间间小平房，这是预料之中的状况，因为我知道人只有在艰苦的环境中才能磨炼出坚强的意志，我也知道"吃得苦中苦，方为人上人"的道理，我自然还不是人上人，但是我相信在这个世界上每一个人都渴望成功，都渴望在自己有限的生命中创造出无限的价值，都渴望能为更多的人做出自己力所能及的事情，我自然也不例外。我知道我的教师专业成长之路才刚刚开始，我要经历的挑战还有很多。

来到山甲学校后，吃的第一顿饭是白菜馒头，我感觉这对我来说没什么问题，我可以很快适应，因为曾经我也是步行上中小学，吃粗粮长大的，这点苦真的不算什么，可以满足基本的温饱就已经足够了。但是有很多一起前来顶岗支教的师范生很不适应，并且伴随着高原反应，没过几日便消瘦了。这里的水资源匮乏，有时还会停水停电。宿舍里没有接水的条件，需要去外面来回接水，并且接水还有时间限制，很不方便。后来我们每人自备两个大矿泉水桶，以防停水停电带来的生活上的困扰，渐渐地我们适应了这里的生活环境，而且还掌握了很多生活技能。

当然，教书育人才是我在山甲学校的主旋律。在这里我学会了如何做一名受学生尊敬和喜爱的老师，学会了如何去关心学生，最重要的是学会了在教育教学过程中如何实施有效的教学方法，而且养成了良好的教学习惯。我认为教学中关键的部分主要包括培养学生的学习基础、学习方法和学习习惯。要提高学生的学习基础，就要求教师在教学中重视"双基"教学，做好教学工作计划，把夯实学生知识基础放在至关重要的位置上，在日常课堂教学中时常向学生强调基础知识的重要性。而学习方法无疑在学习中起着举足轻重的作用，一个掌握了适合自己学习方法的人就等同于掌握了开启知识与智慧之门的钥匙。因此，我平时也会在上课过程中使用多种方法以满足学生的多样化需求，从而使学生找到适合自己学习的一套方法。此外，教师在教学过程中除了传授知识外，还应当注重学生德智体美劳的全面发展，重视对学生心理素质和身体素质的培养，重视对学生思想政治教育和世界观、人生观、价值观的正确培养等。尊重学生个体差异性，充分给予学生表达自我、展现自我的机会，唯有如此，才能教育好学生。

回想起顶岗支教实习的生活是多么温馨和幸福。这里充满着浓浓的乡情，这里的老师对我们关心有加，他们知道我们不适应这里的生活环境，有时候还会把自己家做好的东西拿到学校给我们吃，有时还会和我们一起包饺子、蒸包子等，得以释放平日里一些沉积在内心的消极情绪。在这里，最让我欢喜和忧愁的是那些和我朝夕相处的学生，他们不仅天真善良、淳朴可爱、坚韧进取，而且很会体贴和关心人。每逢节日，我不止一次收到他们送来的贺卡、馍等，但每次我都谢绝了，让我感动的不是这些东西，而是一个个孩子牵挂着我的心。作为老师，没有什么比这更让人感到幸福了，那一刻我觉得为孩子们做的一切的努力和付出都是值得的。

我所教的孩子们，如一朵朵等待盛开的花，每一朵花都有自己的花期，每一朵花都需要适宜的生长条件和精心的照料方可更好地绽放。仔细想想，教育亦如此，每一个学生都是值得被爱的，教师要怀揣仁爱之心，对学生多一些宽容和耐心，在其犯错时及时给予适当的教导，摆正他们人生前进路上的"风向标"。教师要用发展的眼光看待学生，用心呵护每一名学生，让每一名学生都绽放出属于自己的绚烂花朵。

　　总的来说，这是一段充满艰辛和收获的经历，这是一段充满幸福和快乐的旅程，这是一段充满挫折与反思的人生，这是一件我们一生都会用心珍藏的礼物，这是一个不老的故事，是教师和学生用情感书写的传奇。这一段经历必将是我生命中不朽的记忆，也必将是我生命中丰硕而宝贵的精神财富。

顶岗支教实习学校：湟中县共和山甲学校

走向卓越教师的路

钟晋庭

带着说不出的心情和对教师职业的神圣向往，我来到了顶岗支教实习的目的地——刚察县沙柳河镇寄宿制民族小学。令我没想到的是，在接下来的日子里，我会在这里收获一段快乐而难忘的时光。

顶岗支教实习的第一周，我主要是坐在教室后面听各位老师讲课。其实刚开始的时候，对于听课，我是很盲目的，也不知道该如何去听课。这一周通过和指导老师的不断交流与多次听课，我开始懂得了如何听课。首先，在听课前，要做好充足的准备，要了解授课老师和学生的特点、教学主题等。其次，在听课中，要思考并学习老师如何讲课，如何传授知识，如何控制课堂，如何控制教学时间等。最后，在听课后，要积极主动地进行分析与总结，对照自己，查漏补缺。

一周的听课后，我开始承担一、二年级的音乐课。虽然在课前我做了很多准备，但当我第一次站上讲台，真正面对这么多学生时，我还是有些紧张和害羞，毕竟这和在大学里进行的模拟授课完全不一样。我在心里不断地告诉自己要冷静，要保持微笑，前几分钟同学们的配合还是不错的，这让我不那么紧张。同时也让我明白，接近学生的第一步只需要微笑就足够了。但是，事实并没有我想象中那么一帆风顺，很快课堂便出现了难以处理的"热闹"，讲话的、做小动作的现象比比皆是，我喊了几次"安静"也无济于事，这令我很头痛。

上完课我便主动请教指导老师，收获到了许多管理班级的小技巧。第一，当课堂上出现大面积学生讲话的情况时，老师大声吼是没有用的，可以以静制动，暂时把课停下来，一声不吭地看着他们，让学生意识到自己的问题。

第二，面对个别学生不认真听讲的情况，可以用眼神和微笑的表情示意学生以制止其行为，假如无法得到预期效果，还可以适当用一些肢体语言，如拍拍桌子、肩膀等，或者对这些学生进行提问。提问也是一种提醒。第三，最重要的还是要提升自己的教学水平，只有提高自己的教学水平，才能吸引学生认真听课，俗话说"兴趣是最好的老师"，学生因兴趣积极投入课堂中，那么随意讲话的现象自然而然就会减少。通过各位老师的经验传授，我受益匪浅。

于是，在接下来的实习期间，我不断学习和尝试如何组织和上好一堂音乐课。要想使一堂课高效完成，应该摆正心态。在课前，我认真钻研教材、了解低年龄段学生的心理特征，合理选择教学方法。对一、二年级的学生来说，自制力较差，但动感极强，可以采用"律动教学法"，将所学歌曲以律动的形式来进行，让孩子们边唱边跳，既能让他们活泼爱动的特性得以展现，也能有效完成教学任务，提高学生的学习兴趣。在上课时，我还注意根据教学内容、进度、课堂氛围和学生的表现和反应及时进行调整和变化体态语，保证教学的顺利进行。最后也是最重要的，在课后一定要进行反思，总结本堂课的得失，以改进下一次教学。

功夫不负有心人，通过一段时间的实践、反思与总结，我的课堂开始变得生动活泼，学生们也都能情绪高涨地参与其中。这使我明白，一节好课并没有我想象中那么好上，其中有很多技巧和奥秘。上好每一堂课，教好每一名学生，我还有很长的路要走。

除了课堂教学工作之外，我还需要上早自习，所以每天都起得非常早，故而自封为"追太阳的人"。有一天早上，我照常去上早自习。我发现清晨的大街上，多了许多小红点，走近才发现，这些小红点是学校校服的颜色，这些小红点有时两三个，有时聚成一团，往学校的方向走着。看到这个景象，感动的情绪瞬间爬上心头。我用"追太阳的人"自封，我的学生何尝不是"追太阳的人"呢？其实真正的"追太阳的人"，是阳光下的我们，我们一起拉着手，去追太阳。

4个月的顶岗支教实习，使我真正体会到了做一位老师的乐趣，同时，它使我的教学理论变为教学实践，使虚拟教学变为真正的面对面教学。顶岗支教实习虽是短暂的，但让我明白了很多，学会了很多，同时也增强了我成为一名优秀教师的信心。

顶岗支教实习学校：刚察县沙柳河镇寄宿制民族小学

实习：师范生成长之路

裴秋月

转眼之间，我的顶岗支教实习生活快接近尾声了。在这 4 个月的旅程里，如同在海边拾贝一样，有收获，有开心，有伤感……在这段时间里，我真正地体验了教师的生活。具体来讲主要有以下几方面收获。

首先是听课上课。现在作为支教实习生的听课和学生时代完全不同。以前听课是为了学习知识，现在听课是为了学习教学方法。目的不一样，听课的关注点就不一样，现在关注的是指导老师的上课方式、上课思想。根据在大学所学的教育知识和在实习听课中所学到的，再根据具体的教学目的和学生的掌握程度备课、试讲，做好上讲台的准备。经过几天的不断完善，我的第一节课准备好了，并且通过了指导老师的审阅。可是，在接下来的试讲中并不顺利，因为教学没有根据学生的实际水平进行设计。为了弥补自己的不足，我严格按照指导老师的要求，认真仔细地备好课，写好教案，积极地向其他在校老教师学习，向他人请教，后来不断修改和完善自己的课件和教案，最终得到了指导老师的肯定，开启了我的人生第一讲。

其次是批改作业。我通过一学期的实践、探索与反思后发现，数学作业的批改可以像改作文一样，恰当的评语，不仅能给学生指导学习方法，而且还能激发学生的学习兴趣，强化学习动机。批改作业是中小学教师的一项常规工作，是对课堂教学的补充与提高。它对于指导学生学习、检查教学效果、调整教学方案发挥着至关重要的作用。对作业的批改，我们习惯于用"√""×"来评判正误，采用百分制量分。此法在评价学生学习成绩、判断解题正误、比较学习差异方面有一定的作用，但枯燥乏味、缺乏激励性，评价结果带有一定的片面性，不能全面评价一名学生的基本素质和学习潜力。作业的满分仅表示"答题正确"，学生的解题思路、方法、过程、习惯、能力、品质等各方面并不能从分数中体现出来，而这些东西却正是小学生学习潜力之所在。此外，单纯用"√"和"×"来评价学习思维、学习成绩会影响师生之间的思想、情感交流及学生的学习情绪。为了避免此情况，我会在一些作业完成较好的作业本上写一些较短的激励语，如"真能干"或评"优""A+"等；对学习成绩暂时落后的学生，我会抓住其闪光点，可评"好样的，有进步""下次肯定会更好"等；对字迹潦草者，我会评"你很聪明，如果字再写得规整一点就更好了"。除此之外，我们还要在计算的错误处进行点批，如学生计算错误时，我们可旁批正确的算理，并写上"老师希望你多练一练"；在解题的独到处进行眉批，如评"解法真妙"等评语。这些尊重、期盼、惋惜的评语，对孩子们不仅是情感上的补偿，而且是心理上的调整。这些可以使他们在数学作业的实践中，变无趣为有趣，体悟老师对他们的关心，从而心里充满喜悦，逐步产生浓厚的学习兴趣。总之，通过在数学作业批改中使用评语的实践，让我体会到这样的批改方式不仅可以弥补"√""×"判断方法的不足，还能从学生解题思路、能力、习惯、情感、品质多方面综合评价学生，这有利于促进学生的发散性思维和创新思维，更有利于增进师生之间的情感，激发学生学习的积极性，促进学生养成良好的学习习惯。

最后是管理学生。为了能加强对班级的管理，获得学生的喜爱和信任，我平时有意无意地到班级里面转一转，偶尔借一些话题来与个别学生交流。在获得大家的一定信任后，了解班级其他同学的各种状况，时间一久，信任度增加了，感情也就深厚了。当顶岗支教实习生活将近一半的时候，我与班上半数的学生都比较熟悉。由于跟班级的学生已经建立了良好的师生情感，很多事情都比较好处理了。当然了，我在做学生工作的时候很坚持原则，工作时间就要认真严肃，娱乐时间就要幽默风趣。因此，我的学生工作都能顺利高效地完成，而且也不会引起学生的反感。

通过这次顶岗支教实习，我明白了很多，在大学里面学习的教育理论知识如果不回归现实，就有可能出现纸上谈兵的状况。而我正是为了能把人生的第一节课上好，才会把教案和课件修改了一遍又一遍，把要求不断提高，把资料逐渐缩减，把自主学习转变为引导式学习，把抽象的知识资料讲授方法转变为通俗易懂的漫画图片引导教学方式。很多需要改善的地方，我都努力去完善，也正是这样，让我懂得了要想当一名优秀的老师，就要不断地提升自己的文化涵养，拓宽见闻，加强教师技能培训，提高教师技能技巧。

顶岗支教实习学校：西宁市逸夫小学

当老师从倾听开始

索南卓玛

4个月的顶岗支教实习已经过去，回望整个实习过程，我过得很充实，虽然每天几乎被备课、上课以及改作业填满，但是我觉得很开心，因为在这个过程中，我收获到了满满的爱和感动。

在顶岗支教实习的过程中，我给很多班上过课，主要担任的是二年级的数学课。在教数学之余，我也教过几节其他课程，比如，道德与法治、音乐、体育、科学、藏文等，在有的班级上过几节课，在有的班级则上了一两个星期，有的时候我会开玩笑说自己是学校的一块砖，哪里需要哪里搬，但也正是这个经历，使得我对小学的每一科教师、每个年龄段的学生都有了一些了解，我会跟不同科目、不同年级的教师进行交流，他们也都愿意把自己的经验倾囊传授给我，这些经验对于我以后的工作都会有很大的帮助。

在每次讲课前，我都会在备课中考虑如何将课本上的知识与实践、生活中的知识联系起来，使学生有一个直观的感受，并在课堂的导入部分加入一些生活上的例子。比如，我在讲乘法的时候，我会跟他们平时买东西结合在一起："如果一支牙刷3块钱，你需要买5支牙刷，我们如果用加法计算的话，就需要用加法计算5次，那有没有更简单的方法呢？"在讲"时、分、秒"的时候，我带了一个钟表到教室里，先让同学们观察时针、分针、秒针的变化，再进入课堂的讲解中。我发现这样的课堂导入很关键，也很有用，因为每次这样都能激发学生的学习兴趣，学生会从课前比较松懈的状态一下子变得有精神起来，从而能得到良好的课堂效果。

黑板是老师上课写板书的地方，我发现很多班级在打扫卫生的时候，教室里面地板都非常干净，物品摆放也非常整洁，就是黑板擦不干净，经常在我上课的时候上面还残留着上节课老师的板书，甚至有些角落的字迹根本没有擦。每当我讲课发现班级黑板特别干净时，我都会向值日生表达感谢，有的时候还会给他们奖励一支铅笔，学生们看见我的奖励，在接下来的一段时间内，我去上课时都会发现黑板很干净，但是这个情况也只是持续了一小段时间，过了一两周，黑板又恢复到了以前的状况，我就又需要强调擦黑板的问题。因为这个问题的反复出现，我在一堂课的开始前跟他们做了沟通，"同学们想一想，如果没有黑板，老师上课讲的重点内容只写到纸上，可能近处的同学能看见，离得远的同学能看见吗？所以同学们不要以为黑板是老师的，黑板更是同学们的，是黑板的存在使我们坐在班级每一个角落的人都知道老师讲的重点是什么。所以，值日生也不能光为了我的奖品而将黑板擦得特别干净，其他课也要这样做，不论各位任课老师有没有给你奖励"。从那以后，他们把黑板擦得特别干净，也没人因为擦干净了黑板来我办公室要奖品，每次上课前看到干净的黑板，我上课的动力就又多了一分，不是因为黑板被擦干净了，而是他们真的听进去我的话了。

偶尔我也会去学生宿舍看看，去了解学生们的生活，因为学生宿舍有几个空床位，所以有些时候我还会住到学生宿舍去，我最喜欢的事情就是晚上跟她们睡在一起，在漆黑的夜晚，倾听她们的心声。这个时候我就不是站在讲台上的老师，而是可以和她们聊天、一起分享的知心姐姐，她们会跟我敞开心扉分享自己的家庭状况以及这里的风俗习惯等，在聊天中我也了解了许多当地的风土人情，开拓了我的眼界。

操场也是我和学生们交流的一个重要场所。我会牵起他们小小的手，在午后时光或者晚饭时光走在操场上，和他们聊着今天发生的趣事或者伤心事，也让我更贴近他们一些。有一次在操场上，看到因抽烟而被罚站的学生，我过去站在旁边与他们聊天，我询问了他们抽烟的原因，几个孩子和我说他们一开始是因为好奇，感觉这样子很帅，抽多了也就习惯了，我告诉他们"帅"可以是多方面的，学习好也是一种帅，而且抽烟的坏处有很多。我还给他们讲述了抽烟的一些后果，我能看出他们对我的眼神从一开始的不屑一顾到最后有所转变，我希望通过我们的谈话，让他们有一些启发。

教师是教育者。在日常教学之余，教师需要和学生做到心心相印，这也注定教师的工作要从倾听开始。教师善于倾听，学生才更愿意把自己的心扉敞开给教师，倾听可以拉近学生与教师之间的距离，教师也能更加清楚地了解学生的特点及心态变化，以便之后可以针对不同学生的心理状态实施不同的教学方式。同时，倾听也使我自己的教师素养得到了提高，我渐渐开始懂得为什么有的孩子的性格活泼开朗，有的则不愿与他人交流，为什么有的孩子表现得比较叛逆等。

顶岗支教实习结束了，感谢孩子们给我带来的温暖，是他们让我从对这所学校有点陌生到最后爱上了这所学校；感谢我的学生们陪伴我走过了囊谦漫长的冬天，因为有他们的存在，这个冬天都异常温暖。这次的实习经历我会好好珍藏在心底，我会一直记得他们天真、灿烂的笑容，我会继续带着一颗当"四有"好老师的心，努力成为一名好老师。也愿我的孩子们身体健康，愿你们成长的道路上永远是爱和快乐。

顶岗支教实习学校：囊谦县第二完全小学

踏支教之旅　赴美好未来

马旭娟

实践是检验真理的唯一标准，收获源于实际生活中的体验、反思与理解。实习是一种实践，是理论联系实际、与所学专业知识的亲密碰撞，是培养教学能力和技能的重要手段。顶岗支教实习对一名师范生来说，可以帮助自己发现不足，也可以提高自己的教育教学能力。在今年3月，作为师范生的我，正式开启了顶岗支教实习之旅。

初始的点滴

我实习的学校是民和县中川乡中心学校，这是一所寄宿制学校，学校本着制度与人文相结合的管理思想，凭借美丽的校园环境和高水平的教学质量已成为当地口碑最好的学校之一。初到学校，就被学校的景色迷住了，独具书香气息的长廊映入眼帘，长廊两边盛开着五颜六色的花朵，高大挺拔的松树围绕在长廊四周，教学楼矗立在长廊两侧。到达实习学校的第一周就安排了对学生的返校成绩测试，以检验学生在家上网课的最终效果。其间，我担任监考教师，刚开始的时候有点小紧张，看着学生们奋笔疾书的样子，想起了曾经的我也是这样走过来的，时光飞逝让我们都成长起来，看着学生们眼中透露出的自信，我相信他们一定能考出好成绩。

在之后的两周，我到各个班级去听课，去积累经验。在听课过程中我发现，讲台上老师们的课讲得都很精彩，讲课重难点的时间分配合理，课堂效果也不错，这让我有了一丝压力，我下定决心要在以后的日子里加倍努力，

177

以这些优秀教师为榜样，努力成为他们那样的教师。

在听课过程中，我被临时安排担任四年级（2）班的班主任，这让我有些措手不及，毕竟也没有这方面的相关经验，但我知道作为一名顶岗支教实习生必须锻炼自己，所以我在心里默默告诉自己：相信自己，加油。就这样，我踏上了实习班主任之路。第一次和班级学生的互动是帮王老师（指导老师）批改周记、作文以及日常作业的时候。在批改作文的过程中，我能看出很多学生对于王老师的信任，他们会在作文中将自己的心事写出来，从简单而又质朴的言辞中能感觉到他们内心不为人知的世界。

我的第一堂课是在到中川乡中心学校一周后进行的，计划讲的是四年级数学"四则运算"。这一部分教学目标主要是让学生认识中括号，掌握小括号和中括号的运算规律，能进行复杂的混合计算，培养学生认真审题、独立思考的学习习惯。上课之前，我做了充分的准备。在课堂上起初进行得很顺利，学生配合得也很好，但是在练习的时候出现了一些问题，部分学生心不在焉，到了混合运算部分，很多学生搞不懂运算顺序，尤其是加了小括号和中括号之后，完全就乱了。

当问到 $96+[(52-4)×7+8]$ 这道题有括号要如何计算时，学生们给出了各种各样的答案，有说先算括号里的 $52-4$ 和 $7+8$，再算乘法，最后算外面的加法；有说先算减法，再算乘法，最后算加法……当时我有点不明白，心里想这不是很简单的一道题吗，怎么觉得他们都不会呢？不应该呀。事实证明是我错了，课下了解到他们不太能理解我讲的内容，觉得太难了，有点跟不上我的节奏，这时候我觉得很惭愧，第一堂课就出现这种问题。课后我和其他老师进行了交流，找出了问题所在：第一，没有深入分析学生的学习特点和发展特征；第二，没有分析每位学生的学习基础；第三，忽略了学生的学习经验，将课堂和学生理想化。找到了问题所在之后，我又重新调整了教学策略，因此第二节课的课堂教学效果明显好多了，学生的反馈也很好，当时我心里十分高兴，觉得之前的努力没白费。

过程的收获

之后我还和学生一起经历了朗诵比赛的胜利、期中考试的冲刺、日常作业批改的沟通、欢庆六一……在此过程中有一个学生引起了我的注意，第一次接触到他是在听课的时候，整堂课的气氛非常活跃，师生之间的配合也非常默契，老师讲得绘声绘色，学生听得也神采飞扬，唯独这一个男生吸引了我的目光，让我对他产生了好奇，后半节课我几乎被他吸引着。他似乎是脱离了课堂，沉浸在他自己的世界，不论老师讲得多么生动有趣，他都无动于衷，沉浸式地干着与课堂无关的事情。

随后我带着好奇心与王老师聊起了这位独特的学生。我了解到，他先天性残疾，这使我更想去了解他。之后我每次去教室都会注意看他在做什么，大课间的时候也会和他一起互动，包括跳绳、做游戏、聊天等。接触后我发现，其实他比我想象中聪明、懂事。记得在一个晚自习上，那天我正好在值班，他就跑到办公室来找我聊天，他说："老师你现在有时间吗，我想和你说说话。"我说："可以呀，你想和我说什么?"然后他说在这所学校、这个班级里都没有什么朋友，大家都不太愿意搭理他，他感觉很孤独，是不是自己做得不好导致的。听到这儿我很难过。我告诉他："你很好，不需要太在意别人的想法，如果你不介意的话，我可以做你的朋友，你觉得如何?"这时他的脸上露出了一丝惊讶，随后欣喜地说："好呀好呀，我有朋友了，我终于有朋友了，太开心了。"看着他那高兴的模样，我也露出了笑容。之后的时间里，我发现班里的同学也逐渐开始和他接触，做起了朋友，这让我很欣慰。后来从同学们的口中得知他是一个善良、乐于助人且很仗义的人。是啊，他只是身体残疾，但始终用真诚的心和大家相处，这正是他的可贵之处。

随着班主任工作的顺利开展，我教授的五年级英语课进展也很顺利，学生的反馈很好。之后的英语课，我一直坚持做好教学工作，积极和老教师们交流沟通，汲取经验，另外每天花时间写教案、看教材，我认为只有把教材理解透彻，才能有效地把所学知识教给学生。在这个过程中，我明白了道理，也学会了一些教学方法，上课其实并非想象中那么简单，想要上好一堂课，需要花费很多时间和精力。有时候虽然讲的内容看起来很简单，但必须懂得怎样去教才有效果，所以我在不断学习理论知识的同时，还到其他老师的课堂上学习他们的教学方法与技能。通过与老教师在课堂上的表现进行比较，找出自己的不足从而进行改正，不断地提升自己。

圆满的结尾

我的顶岗支教实习生涯最终在 7 月画上了句号，我曾幻想过各种各样离别的场景，但当那天真正来临的时候，还是没有办法控制自己。最后一堂英语课是在周四，上课前我努力控制自己的情绪，不让自己带着情绪上课。我刚进教室，几个女生就上来抱着我哭，边哭边说："老师，您可不可以不要走，我们舍不得你，不走好不好。"我细心地安慰着她们，随后大家都哭着站起来，说："老师，您不走好不好，我们真的舍不得您，我们会好好听您的话，好好学习，再也不会在课堂上捣乱了，您不走好不好。"看着大家这样，我再也控制不住情绪了，心情久久不能平复，一节课就这样在大家的悲伤中结束了，每当想起这个情景，我还是会忍不住难过。4 个月的顶岗支教生活我过得很充实，有欢笑也有悲伤，喜欢和学生在一起，也喜欢在办公室和各位老师天南地北地聊着。这次顶岗支教实习让我在他乡认识了很多新面孔，结交了很多新朋友，这也将会是我一生中最珍贵的礼物。同时我也很感谢各位老师对我的辛勤栽培，感谢这里的孩子们给我带来的快乐与成长。

4 个月的顶岗支教不仅增强了我的时间观念、纪律观念，还培养了我的耐心、爱心和恒心，同时使我清楚地认识到自己的欠缺之处，也让我了解了教师这份职业的神圣和所肩负的重任，增强了我成为一名优秀教师的信念。

顶岗支教实习学校：民和县中川乡中心学校

我的教师成长路

韩　玉

　　坐在支教的始发大巴上，我的头轻轻靠在窗户上，开始了我的探寻之旅。

　　贵南县地处祁连山边缘至昆仑山的过渡地带，境内高山连绵、挺拔高耸，山路迂回婉转，我有些晕车，便一直盯着窗外。我很久没有见过山川和草原了，大片大片的草原从眼前飞过。望着车窗外的风景，脑子里想的是如何从一名师范生成长为一名优秀的教师。此时与以往旁观的角度不同，我感受到了一种前所未有的压力，深知自己肩负的责任重大，也产生了做好顶岗支教工作的决心。对所有的师范生来说，这无疑是一场巨大的挑战。如何从"学生"这个身份真正蜕变成"教师"，让我们的讲台不再只是实训课中的模拟场景，而是成为人与人之间心灵与灵魂的交汇。我知道从此刻起，我的教师职业生涯正式开启了，希望未来的日子和眼前的风景一样美好。

　　未知的旅途总是充满欺骗性，当你以为即将抵达时，目的地却依然遥远；而在你毫无准备之时，却会突然抵达终点。就像一条笔直前行的道路突然转了个弯，最终带我来到将要度过 4 个月的城关第一寄宿制小学。学校整洁干净，小朋友们都异常热情。上课时争先恐后地回答问题，下课后又有一群孩子围着我，我被他们的热情环绕着，我也乐在其中。他们热情地向我展示他们的画作，送给我他们用心制作的折纸小礼物。放学后在走廊，一个孩子问我："老师你有纸吗？我想上厕所。"我把自己的纸巾递给他，他突然可爱地冲我鞠了一躬说："谢谢老师！"那一刻，我的心都被融化了。也许在偏远的地方，没有那么多程序化的规定，孩子们可以更自由地展现天性、自由地成长，拥有更加丰富多彩的生命体验。

　　在这里我常感到不安和焦虑，仿佛被推着向前走。然而，与纯真的孩子们在一起时，我觉得独立而又充满活力，这是一个寻找自我的旅程。阳光透过厚厚的云层，远处或灿烂红霞，或阴沉灰暗，校园偌大的空地，到处都是小朋友们的欢笑，孩子们的欢笑从不被天气影响。然而我想要的生命模式到底是什么样的呢？想到这个问题，我常常怀念以往那些令人感到可爱的时光，看着孩子们，我慢慢地明白真正的幸福应该从哪里获得。

与儿童的互动

著名教育家苏霍姆林斯基说过："没有爱就没有教育。"这也是我这次支教最深刻的感悟，以前觉得这些话语太过矫揉造作，觉得无非是一些标榜的话语。然而，当真正投身这个职业时，会发现作为一名教师，如果缺乏对学生的热爱和喜欢，缺乏对教育事业的热忱，那么便无法成为一位拥有"幸福感"的老师。同时我还是一名班主任，班主任是一个班级的组织者和领导者，相较于普通任课老师，班主任对于学生的身心健康有着非常重要的影响。与每位学生保持良好沟通，开展有针对性的教育是我在支教过程中一直思考并不断践行的方向和目标。

在支教的过程中，我结识了许多学生，但有一位姑娘给我留下了深刻印象，在她身上，我仿佛看到了自己的影子。那一刻，我非常感激从前我的老师对我的帮助，也因此我愿意与这位姑娘互动并提供帮助。这个姑娘是个特别害羞、腼腆的女孩子，总能让我想起小时候的我：文静乖巧，虽然学习成绩不算很好但很努力。也许是我们之间的共鸣太强，所以她吸引了我的注意。我发现这个小姑娘或许是住宿的缘故，性格比我小时候更胆小。有一次她想上卫生间，但是保育员以为她在撒谎，就拒绝了她的请求。结果她不得以在裤子里解决了问题，穿着这条裤子上了一上午的课。那天上课的时候，班里的同学都在抱怨说屋子里怎么这么臭……当时我并没有意识到她的处境，但现在回想起来，这位小姑娘当时一定非常慌张和无措。为此，我感到非常自责，因为我作为班主任，没有和学生建立起最基本的信任关系。虽然看起来班级秩序没有问题，但我没有意识到小姑娘为什么不敢第一时间来找我，而是被她姐姐带着才来找我。

我开始反思自己，作为一名老师，除了教书，更重要的是与学生沟通，然后建立信任，这样才能更好地让学生成长。之后这个小姑娘又几次三番请假让妈妈来接，因为每次都说身体不舒服，加之她眼泪一流，我就没办法了，只能让家长来接。但是事出反常必有问题，我和原来的班主任进行沟通后，他告诉我这个小姑娘一直都是这样，很恋家，只要想回家就会找理由，他批评了几次之后情况才有所改善，然后因为换了老师又故态复萌。和原来的老师打完电话之后，我突然很心疼我们班住宿的孩子，他们年龄小又脱离父母，想家是一定的。我完全能理解小姑娘多次找理由请假的心理，但是我这次先给她妈妈打了电话，让她安抚一下孩子，然后等母女俩打完电话之后，我就和小姑娘开始了谈话，她也告诉我其实就是想妈妈了，我告诉她想妈妈的话可以用我的手机给妈妈打电话，但是不要再说自己难受让妈妈来接这种话了，因为我和妈妈都担心你出什么问题，当你想妈妈的时候可以来找我，我们给她打电话。

之后，这位小姑娘再也没有找借口请假。我在课堂上对她格外关注，并且在课后的辅导中更加耐心地指导她。她数学题做得很好，我在课堂上表扬她，还会轻抚她的头，以示鼓励。渐渐地，我观察到她和同学们相处得越来越好，在学校的生活也过得很愉快。这次她的考试成绩很不错，进步非常明显。

看到她的点滴进步之后，我真有一股油然而生的自豪感和幸福感，第一次觉得教师是这么有成就感的职业，因为学生给予我们的反馈是真实而纯粹的。这个过程让我更加确信，我所做的一切都是值得的！就如陶行知先生曾说的："谁不爱学生，谁就不能教育好学生。"① 只有对学生发自内心真挚关爱，才能使他们感到无比的温暖，才能让他们更好地成长。

我的收获与总结

实习之前，我对自己的教学水平还比较有信心，毕竟经过 2 年多的课堂教育技能练习，我认为自己已经具备了一定的基本功。然而当我真正站在了

---

① 陈晓莉，侯新杰．构建和谐师生对话关系的对策思考［J］．教学与管理，2006（33）：55.

讲台上，才深切体会到"纸上得来终觉浅，绝知此事要躬行"。同时，作为班主任也是非常辛苦的，成为一名被学生喜爱的班主任，既具有挑战性，也充满了成就感。通过实习，我觉得当好班主任需要注意以下几点。

首先，当班主任一定要坚持三个字：勤、严、爱。坚持做好日常事务，包括早操、早读、课间操、晚读、午休、教室和宿舍的卫生等。甚至课间，也要勤去教室看看学生。另外，不能因为自己是实习老师而对他们有所放松，只有严格，才能形成好的纪律、好的班风，只有一视同仁地严格，才能让学生信服你。在严的同时，要让学生感受到你对他的爱，欣赏教育永远比惩罚教育有效。我特别注意从欣赏的角度来教育学生，我坚信赞扬永远比批评更有效，尤其是对那些成绩差、很少受到老师表扬的学生。无论是对哪一名学生，我都会毫不吝啬地给予赞美，因为我相信在此过程中，学生的自信心会逐渐建立起来，学习的积极性也会不断增强。

其次，影响班主任和学生之间关系的另一个重要因素是班主任对学生成绩好坏的态度。在担任实习班主任期间，我始终秉持一视同仁的原则处理学生问题，以事实为依据，确保所有学生都能在公正、公平的环境中解决问题。无论是"优秀学生"还是"后进学生"，只要犯了相同的错误，我都不会因某位学生的成绩而有偏颇。同时在对待学生时，也会采取宽严适度的策略，对成绩优秀的学生提出更高要求，以激励他们不断进步；而对于成绩暂时落后的学生，则给予更多鼓励和支持，帮助他们重建自尊与自信。

最后，回顾这4个多月的时间，我是用心的，但用心不一定等于成功，我作为一名大三实习生，事实告诉我应该对自己有信心，要有勇气去尝试。即便在尝试中失败，也能让自己成长。实习，陪伴我经受了挫折，也收获了欢乐。虽然实习的经历已经成为过去，但我仍会回想我在那里留下的痕迹。我相信那不是我旅途的终点，而是充满挑战和希望的新起点！

实习学校：贵南县城关第一寄宿制小学

最美的行囊

付煜伟

时间过得很快，4 个月的顶岗支教实习时光如同白驹过隙，在不知不觉间就已经结束了。当我回忆起这段时光，辛苦中饱含着充实，曾失落过，曾亢奋过，而到了现在，一切都成了我美好的回忆，成为我前行路上最重要的行囊。

9 月初，迎着初秋的微风，我走进了这所校园面积不大，却有着独特风格的学校——泉湾小学。从踏进校园的那一刻起，我就明白，要以教师的身份严格要求自己，处处注意言行和仪表，爱护实习学校和班级学生，本着对学生负责的态度尽力做好实习工作。同时，作为支教实习生，我一直牢记实习守则，遵守实习学校的规章制度，尊重学校领导和老师，虚心听取他们的意见，学习他们的经验，主动完成实习学校布置的任务。

第一次上讲台

在我面前的第一个挑战是上课。通过指导老师的鼓励，以及自身的充分准备，在听了一周的课之后，我终于鼓足勇气走上了梦寐以求、渴望多年的三尺讲台。虽然在大学里这样的课堂，我们已经演练了无数遍，我也深深明白，站在那个神圣的位置，就代表着责任，但是当我真正踏进教室，面对着学生们一张张新奇的面孔，还是会使我有些手足无措。

在讲课之前，我曾经无数次幻想着与学生互动的场景，但是真正站在讲台上的那一刻，大脑开始空白，嘴里不知道在讲什么，随之台下的学生也跟不上节奏了，于是便开始忽略讲课的内容，并注意我的穿着、口头禅等其他方面。这时，我想起大学里老师一次次的指导，想起老师教的缓解紧张心情的技巧。于是在经过半分钟的调整后，终于克服了这种紧张感，成功地把课堂的节奏掌控在了自己的手中。最终成功讲完了我人生中的第一堂课，这也为我之后的支教实习工作开了一个好头。

当然，这堂课还存在着许多需要改进的地方。上完课后，我积极与指导老师进行交流，认真听取指导教师给予的建议：可以利用更丰富的教学手段，吸引学生的兴趣，从而激发学生学习的积极性和主动性；在提问时，应该注意自己手上的动作、脸上的表情及眼神，提问是课堂的重要环节，能鼓励更多学生踊跃发言；在叫学生回答问题时，手势要呈邀请的感觉，再配上笑容和鼓励的眼神，这样才会收获不一样的效果；在学生小组讨论时教师要下去观察，维持好秩序，将学生讨论的重点聚焦到教学问题上来，这样才能使小组讨论发挥出最大的作用……

经过这次"实战"以及指导教师的耐心指导，我的教学思路更加清晰。在课下，我还积极帮助其他老师批改学生的作业和监考等，这使得我可以从另一个角度了解本班学生的情况，根据批改作业和监考的情况，及时调整授课的进度和教学重难点。后来，我的课堂教学慢慢开始走向成熟了。

第一次当班主任

在亲身实践后，我发现班主任的常规工作十分烦琐而又紧凑，与大学生活相比，简直是天壤之别，各项工作都需要班主任全心全意地参与其中。每天的早自习、课间操等都要跟班指导，还要定期开班会给学生强调纪律、卫生、安全、学习等方面的内容。为了做好班主任工作，我一直在努力提高自己的班主任工作技能，逐渐学会了如何当好一名班主任。

在这4个月里，我和孩子们共同经历了很多有意义的事情。如每周一的下午我们都会开展各种主题鲜明、有教育意义的班会活动，大家一起畅谈自己的想法与感受。我组织的第一次主题班会是"展现自我"。起初，我遇到了许多困难，如学生的不配合等。对此，为了办好这个班会，我努力为每一名同学创造展示自我的机会，提供展现自我的平台，使每一名学生都能够真正参与到班会活动中，体验到成功的愉悦，感觉到自我的价值，品尝到其中的乐趣。在准备班会的过程中，同学们都很积极。班会的节目种类繁多，唱歌、跳舞等应有尽有。最后一曲学生独唱《在那遥远的地方》把班会推向了高潮。

坦白讲，在刚接到自己要做班主任的通知时，我心里很紧张，也很有压力，但是当我真正融入集体和班级，与孩子们一起成长的时候，我触摸到的是生命拔节的感动和幸福。晨昏风雨、酸甜苦辣沉淀下来，我心中涌现的是对学生的一片挚爱。和学生们在一起给了我极大的愉悦和力量，即使每天从早忙到晚，但我仍然被深深吸引着，不断地成长和进步着，收获着以心灵感受心灵、以感情赢得感情的快乐。

顶岗支教实习生活很快就要结束了，这是我大学阶段最后的实践性学习，是一次真正意义上真枪实弹的演练，为我们毕业后走上工作岗位打下了坚实的基础。成长的脚步，从未停歇。我将继续努力，为成为一名优秀的人民教师而努力奋斗！

顶岗支教实习学校：西宁市城北区泉湾小学

记忆中的成长与幸福

娜足卓玛

    9月4日，我们一行人踏上了为期4个月的顶岗支教实习之旅，坐在即将驶离母校的大巴车上，看着窗外为我们送行的老师、同学、朋友，心里有种说不出来的滋味，也许从这一天起我们就会分开，各自成长，为了自己的未来去奋斗。

    4个月转瞬即逝，在囊谦的4个月说长不长，说短不短，尽管这里秋天与冬天的气候并不那么"友好"，一直处于大约在冬季的时节，而正是因为有了很多可爱的孩子们，以及热心给予我帮助和支持的老教师，这4个多月的顶岗支教实习，我受益匪浅，其中有很多充满希望的眼神、难以忘怀的笑声、毕生铭记的感动……都牢牢地刻画在我的心里，成为一道美丽的顶岗支教实习风景。

多杰老师的故事

    这次顶岗支教实习，让我亲身体验到了基层教育的艰辛与神圣，更加坚定了我做一名优秀教师的决心和信心。顶岗支教实习期间，有一位老教师让我印象深刻，他是一位50多岁的中年人，我们都叫他多杰老师。从他龟裂黝黑的双手背后，我得知，他不仅是一位教师，还是一个牧民。多杰老师家里孩子有点多，为了生计，家里养了很多牛羊。几年前高原地区遭遇过一次严重雪灾，不少牛羊因为缺少牧草而死亡，对牧民而言，筹措牧草挽救牛羊是头等大事。在这种情况下，很多老师都为多杰老师着急，而他却说："牛羊是大事，可学生是更大的事，不能误了孩子们的学习。"即使苦了自己，也不能苦了孩子。身为教师，就是要全身心地站在学生发展的角度看问题，就是要一切以促进学生发展为工作和生活的重点。我想，这就是教师在面临种种选择时所具备的那种坚定不移的信念吧！

在日常观摩多杰老师教学时，我发现他从来都是侧身写粉笔字，学生们就没有在课上见过他的后脑勺儿，虽说是侧着写字，可那字刚劲有力，清清楚楚也丝毫不歪。此外，他还善于运用实物教学，手里总是拿着自制的小教具给学生们演示各种原理的由来，学生们兴趣颇浓，总是好奇心满满地跟随多杰老师的教学节奏一步步操作，最终探寻出知识的奥秘。课下我纳闷地询问多杰老师侧身书写的原因，他说："侧着写不会挡住书写的过程，这样孩子们也能清楚地看见每一个运算步骤，又能在心里演算一遍。"听到这里，我被多杰老师的职业精神感动，因为侧身写字绝非一日之功。好老师就是要把心思用到怎么更好地教学、怎么更有效地促进学生的发展上。

教与学

在工作方面，我感受到了很多温暖。作为顶岗支教实习生，全身心投入教学工作、开展教学活动、学习各种新方法、汲取成熟教师的教学经验是我们工作和学习的重点。初上讲台的我，虽然紧张但是很兴奋，看着讲台下一双双渴求知识的眼睛，我顿时心里有点慌，但是我没有害怕。

记得我的第一节信息技术课，教的是计算机中最基本的知识，如开关机，我很努力地教着，孩子们也高兴地学着，孩子们学得越认真，我也教得越发有信心。在我教学的过程中，孩子们的热情让我感到很欣慰。在我讲课时，孩子们时刻保持专注，聚焦到我的眼神，不管我的眼睛看向他们中的哪一位，都能得到那同样真诚的回应。课间，孩子们还会积极地向我请教问题，我都一一作答。

课下，我经常和孩子们一同玩耍，在玩猫捉老鼠的游戏中，我几乎和他们相融在了一起。那时我好像回到了童年，如此自由自在，我享受着与孩子们在一起的每分每秒。虽然这里的孩子在一些方面相较于大城市里的孩子有所欠缺，但他们的质朴、谦逊和上进心却是最宝贵的财富。这里的孩子们不仅特别善良，而且很聪明勤奋。有一些孩子因为家乡距离学校太远，于是就选择在学校住宿。有一次晚饭后，学校停电，当我路过教学楼时，却发现有一间教室是亮着的，我好奇地靠近教室，顺着窗户一看，他们的桌角都点着蜡烛，原来是这些在学校住宿的孩子们正在学习，他们有的在互相讨论问题，有的在安静地做作业，有的在认真地背课文。那烛光映在他们稚嫩的小脸上、映在翻开的书籍上，整间教室像是被阳光普照，如此温暖安逸。不想破坏他们这种浓厚的学习氛围，我悄悄地离开了。虽说高原地区学校的物质条件还有所欠缺，但这并不影响孩子们学习的劲头，看到他们那么努力，我的心里非常感动，教学工作中虽然有时候感觉很累，但看到孩子们的努力，这点累也算不上什么了，孩子们的进步才是我最大的安慰。在孩子们的热情和笑声中，我看到了积极，看到了希望，这是我教学工作永恒的动力。

一点感想

我深知为人师者，要努力做精于"传道授业解惑"的"经师"和"人师"的统一者，在工作中我要坚持教书和育人相统一，坚持言传和身教相统一，努力成为"大先生"，这样学生们才能成长为全面发展的人，我们的国家才能有更多德智体美劳全面发展的社会主义建设者和接班人。

这几个月的顶岗支教实习生活虽不能说极为精彩，却意义非凡。有多少付出，就有多少收获。顶岗支教实习生活给了我一段深刻的体验和感受，给自己人生留下了一段永不磨灭的记忆。这次顶岗支教实习活动让我亲身体验了教育教学，不仅磨砺出了坚强的品格，锤炼了意志，还给了我自信，让我在人生这条漫漫道路上迈进了一大步。

顶岗支教实习学校：囊谦县第二完全小学

乘风破浪争朝夕　不负韶华楫前行

贺　萍

小学教育虽然不是儿童教育的开始阶段，但是小学教育是整个教育事业的基础，在儿童的学习生涯中，小学教育起到奠基的作用，可以说小学教育会对儿童的未来产生非常重要的影响。小学儿童心理、生理都还不成熟，对于教师更多的是敬畏之心，会对教师的行为进行无意识模仿，并且还会在日常行为中表现出来，"其身正，不令而行；其身不正，虽令不行"①，教师要树立良好的榜样，才能发挥出引路人的重要功能。

在都兰县第三完全小学实习的这段时间，我像是一脚踏进了一个五彩斑斓的童话乐园。这里的每一个孩子都有着明亮的眼睛，他们肆无忌惮地笑着，奔跑着，好像风中飘散的花儿，散发着阳光、稚嫩的气息。每个孩子都有自己的内心世界，他们好比一把把锁，教师就是开启那些锁的钥匙。为此，教师需要真正走进孩子的世界，去发现他们、改变他们，用教育唤醒他们。

这是我第一次真正地接触到与教育相关的工作，也正因为这是我的第一份实习工作，心里难免忐忑不安，怕自己没做好相关的工作，或者带来不好的影响。初来乍到，对学校环境、工作内容、工作流程等还不太熟悉，所以刚开始一直在请教指导老师，问我需要做什么、应该怎么做，幸好实习学校的老师都很负责，总是能够很耐心地给我讲解，在老师们的帮助和引导下，我的实习工作也逐渐步入正轨。因为有着浓厚的兴趣和高昂的热情，我坚信自己能够很快适应这里的生活和工作节奏，慢慢积累，一定可以做好。

很快我便适应了从学生到教师的转变，完成学校布置的任务，帮助学生、

① 钱穆. 论语新解 [M]. 北京：生活·读书·新知三联书店，2018：301.

家长解决问题等，我在尽心竭力地做好这份工作。因为初来乍到，我主要是批改学生的作业和试卷，帮老教师代课，再帮指导老师准备一些教学用具等。在批改作业的时候，学生哪个地方错得比较多，我都会做好记录，然后与指导老师交流讨论。此外，我还会在学生的作业本上写上评语。虽然都是小事，但我也会细心、认真、负责地完成，因为我明白"不积跬步，无以至千里"的道理。有一次在批改数学作业时，我发现学生普遍在解题思路和步骤上有困难，容易出现计算错误。我记录下这一情况，并与数学老师进行了反馈沟通。在老师的指导下，我针对性地在学生作业本上做出了详细批注，并组织了课外辅导，帮助学生加强基础知识和解题技巧。经过一段时间的努力，学生们的成绩有了显著提高。通过这个实例，我深刻体会到了每一个小细节的重要性，以及坚持不懈努力的价值。我将继续脚踏实地，用心做好每一件事情，相信积累的点滴努力终将汇聚为成功的源泉。

张老师的课生动形象，课上所列举的事例贴近生活，能使学生的注意力紧紧地凝聚在每个讲解的内容上，我知道这些都是张老师用心准备辛苦总结出来的。她的课堂和她所传授的知识，让学生对学习产生了浓厚的兴趣。课堂气氛很活跃，同学们既可以学到知识，也可以玩得很开心，达到了寓教于乐的教学效果。张老师跟我分享了她的教学方法，简单讲就是捕捉着力点展开教学，基于要素、思于文本、缘于学困、聚于生成，并结合案例进行具体分析。他用优秀的教学设计作为范例，手把手地帮助我理解如何去落实单元要素，让我加深了对大单元整合教学的理解，基于单元主题的情境创设以及各环节和单元整体的呼应等教学点拨，让人受益匪浅。她还指导我重新认识了"作业"二字，多样化的作业设计，打开了"双减"背景下作业布置的思路，给了我有可操作性的指引。从张老师身上，我看到了自己的很多不足之处，知道自己需要学习的还很多，意识到自己离一位好老师还有一定的差距。

实习已经进行了1个多月，我的工作逐渐步入正轨，随之而来的工作挑战也在逐渐增加。我面对的问题一个接着一个地涌现，虽然大多是一些小问题，但数量较多。随着时间的推移，我发现自己能够更加游刃有余地处理这些问题。由于自己教学经验颇浅，也可以说是毫无教学经验，对于教学活动的程序和要求都不熟悉，因此我对教学工作丝毫不敢松懈。我一直在努力学习，研究教法，遇到问题虚心地向有经验的指导老师请教学习，在学习中获得了不少的教学技巧。同时我也会观看一些教学视频或者资料，从中汲取经验。在张老师的耐心指导下，我渐渐学会了如何针对本班学生情况进行专业辅导，如何活跃课堂气氛，如何与同学们进行课堂交流等，使我在课堂上能够很好地调动学生的积极性。

与都兰县第三完全小学的老师、同学相处的点点滴滴都会令我怀念，这些经历都会成为我未来人生中的美好回忆，希望未来的自己也要继续努力。乘风破浪争朝夕，不负韶华楫前行，以优秀教师为榜样，追光前行！

顶岗支教实习学校：都兰县第三完全小学

心中有爱，脚下留青

张翠祥

　　时光荏苒，岁月如梭，转眼间 4 个月的顶岗支教实习工作已接近尾声。顶岗支教实习的一切经历都将成为我人生路上宝贵的经验，都将成为我职业生涯的一块基石。

　　自从踏入这所小学，每一天都充满了挑战和收获。我在城东小学教的是二年级，每天晚上都会有老师把那些没完成课堂作业的学生留在办公室里面继续完成作业。在这些学生里面，我发现有一位同学几乎每天晚上都会被老师留在办公室补作业，并且就坐在我旁边的空桌子上写。通过对她几天的观察，我发现她每天磨磨蹭蹭大约一个小时才能完成不到一页的课堂作业。她上课认真听讲，但做作业时总是慢吞吞的，其他同学早已完成作业开始玩耍，她却还在埋头苦干。后来，我找了一个给她单独讲题的机会，顺便与她谈心，我这才了解到这位同学之所以做不完作业，是因为她真的不会写，她的逻辑推理能力较差。我认为这应该不是教师教学的原因，因为一位能让班级平均分达到 95 分的老教师，应该不会放弃自己的任何一名学生，所以我又深入地问了这位学生写作业没有思路的原因，是自己真的无法理解还是有其他难以言说的理由。她告诉我说是她爸爸妈妈每个星期都会让她请两三次的假，请假理由或许是要出去玩，或许是去亲戚家，又或许是一些其他类型的请假……因此，这位学生经常性缺课，导致她很多知识学不到或未完全掌握就开始新一个知识的吸收，可自身已有的知识经验与后期的学习内容脱节，所以经常完不成作业。这让我感到十分困惑：在这么关键的学习阶段，为什么家长会如此不重视孩子的教育呢？我非常诧异这位同学家长的做法，只是因为出去玩或者去亲戚家吃饭就不让学生去上课，使孩子跟不上教学进度且每天完不成老师留下的作业，从而受到老师批评教育。

了解到这个学生的情况后，我也向原来教授过她的老师了解了情况，那些老师说这位学生的家长从孩子上一年级开始就一直这样做，一点小事情就向老师请假。通过与这位学生的交流和家访，我逐渐了解到了问题的症结所在。原来，她的父母忙于工作，很少有时间陪伴她学习。他们认为，只要孩子在学校能跟上进度就行，没必要过分强调作业和成绩。这种观念导致这位学生在学习上缺乏监督和指导，久而久之，她自己也变得懈怠起来。之前的老师也与她的家长沟通过这个问题，可效果甚微，家长仍然我行我素，不重视孩子的教育，也不配合学校的工作。所以老师们也表示无奈，只能利用每天晚上课后辅导的时间，让她和其他孩子一起补作业。老师以这样的方式来监督她学习，但是这种做法的效果并不显著。从这位同学的身上，我深刻地体会到，在一线教学中，教师会遇到形形色色的学生和家长，会遇到各种各样的问题，这些都要求老师要有更丰富的知识与更强的能力去承担一线的教学工作。

在这4个月的时间里，我初尝了一名教师的酸甜苦辣，也渐渐领悟到了教书育人的真正含义，确切地说应是先育人再教书。这4个月的时间虽然不长，但种种一线教学的感悟却填满了我的心房。

首先，我认为为人师表是教学的前提。俗话说"种瓜得瓜，种豆得豆"，教师是学生学习的榜样。平日里教师的点点滴滴都会被学生看在眼里，记在心头。在不经意间，我们从小养成的某些不良习惯若不加以控制，它就会如种子般，悄无声息地种在学生的心田，随之生根发芽。如果我们的陋习将被无数的学生放大千百倍，然后再去影响他们周边的人，这该是多么恐怖的一件事情。所以，教师应以身作则，不仅仅是在教学上，在平时的生活中也要规范自己的言行，做到"为人师表，行为师范"。

其次，我认为教师的管理、教学工作要从学生实际出发。班主任对班级的管理工作主要从学生的思想教育工作做起，只有摆正学生的思想态度，班级管理工作才能水到渠成。这实际上是一个与学生进行心理沟通的过程，只有真正了解学生的内心世界，才能做到有的放矢，收到良好的教育效果。在这方面，就要求班主任充分展现自我风采，因为千篇一律的管理模式是收不到良好效果的，我们的教育对象是具有差异性和多样性的。我想这就是大教育家孔子为何要倡导"因材施教"的原因吧。不仅班级管理工作要以学生为出发点，教学工作更应如此。每位家长都满怀期望地把孩子送到学校来，作为教师，我们有必要针对每个学生的特点来进行教学，尽量发挥其长处，补齐短板，充分发展他们的才能。教育不仅是传授知识的过程，更是培养学生全面发展的过程。作为教师，我需要更加注重学生的个体差异，关注他们的学习兴趣和动力，创造更加生动有趣的学习环境。

最后，我认为身为人师要学会用宽容的心去包容学生。人非圣贤，孰能无过，任何人都有犯错误的可能。而且，我们不应该用成年人的标准去衡量学生们的行为。凡事多设身处地地为他们着想，多进行换位思考，当我们回忆自己的学生时代，就会理解当前学生犯下的一些错误，因为自己也是这样过来的。身为教师，要清楚小学生自身有极强的可塑性和一定的自尊心，我们要给予学生充分的尊重与理解，要允许学生犯错，并且要做到尽量熟知学生的个人状况，以便能深入了解学生，从而在遇到问题后采取更有针对性的解决措施，做出比较公平的判断。比如，班上有同学的父母外出工作，留下他们与爷爷奶奶生活在一起，这样的孩子往往需要更多的关爱和照顾。也有个别学生是单亲家庭，对此我们更要小心翼翼地保护好他们的自信心、自尊心，在日常评价时更要注意言语的运用，不要有"一错百错"的观点。其实，好学生几乎是表扬出来的。老师对他们满怀期望的眼神必定能得到他们用心的回应。一位优秀的老师应时刻用"爱"去开启学生的心灵，很多时候一个笑容、一句鼓励的话语，甚至是一个肯定的眼神，都可能会对学生产生深远影响。

顶岗支教实习虽已结束，但在未来的教育工作中，我将继续努力提升自己的教学水平。我会更加关注学生的学习兴趣和个体差异，与学生进行深入交流。同时，我也会更加主动地与家长沟通合作，共同为孩子的成长和发展贡献自己的力量。我相信，只有不断学习和反思，才能成为一名优秀的教师。

顶岗支教实习学校：互助县城东小学

用爱导航，让梦起飞

王兴蓉

　　9月6日，我来到了西宁市城北区博雅小学开始了期盼已久的支教生活。在这之前我对小学并不陌生，大一到大三的5次见习活动让我对这所小学多少有些了解，但都不够深入。倒不是见习目的不够明确，而是作为一个不太善于融入新环境的人，在我还没能很好适应时，短暂的见习就结束了。这次为期一个学期的支教，弥补了我的遗憾，让我对小学教师工作、学生日常、教学活动以及学校运行有了更细致的了解，也为我成为一名优秀的教师做了铺垫。

教师：在反思和总结中成长

　　教师的经验积累和个人成长主要在课堂，这是我一直坚信的一点。尽管备课充分，但课堂总会给我一些新的启示。比如，在讲"分米和毫米的认识"一课时，学生用自身的已有经验理解"一分米"就是"一拃"的大小，于是我和学生共同比画出"一分米"的样子，发现每个人由于手的大小不同，导致"一分米"各有不同。这时，我告诉同学们我们的"一拃"只是用来形容"一分米"的大概长度，而一分米是精确长度，不论是谁量出的一分米都应是一样的长度。这区分了口语中的习惯性用语与精确的数学语言，也把之前所学知识有效引入课堂。

　　我认为教师在教学过程中发现学生已有经验与所学内容出现偏差时，应该在其相关基础上进行适当引导，让学生自己发现其中的错误，从而拥有自我纠正的意识，并自主进行经验重构，也让学生明白学习的意义——并非否定自己，而是在自己已有的知识经验上不断地进行建构，从而具备独立思考和生存的能力。学生学习经验与生活经验如何建立联系，如何利用学习过程修正学生错误的生活经验，这些都是教师在课堂中会遇到的实际问题。而面对这样的问题时，不应该选择回避，或者模糊处理，而应引导学生通过体验完成经验重构，让学生养成持续学习的好习惯。所以，教育过程就是不断地在互动中创造新知，发展自我的过程。

课堂纪律是很多新手教师走上讲台遇到的第一个棘手问题。作为实习老师，有时候我也会因为课堂纪律问题苦恼：为什么孩子们不怕我呢？尤其是在上美术课时，教室里人声鼎沸，快要吵翻天，我试图用我最大的声音来维持课堂秩序，但学生们压根就听不到。无奈之下拿板擦当"惊堂木"，即使这样教室内最多安静三分钟……后来我觉得不能再这样下去了，就在课前给每组画六颗星，如果有同学说话声音大影响了其他同学，就在其所在的小组去掉一颗星，虽然这样没有限制孩子们的交流，但他们这样就学会了自我控制，降低音量，课堂纪律问题也就得到了解决。

同事：在互助互学中进步

在实习结束之前，我常常想一定要写一下我的办公室，写一写三年级组的老师们。因为，我从他们身上学到的知识，远比自己在教学反思中学习到的知识多得多。

三年级（2）班班主任郭老师，是我做班主任工作方面主要的学习对象。郭老师40多岁，有着20多年的工作经验，虽然平时与我交流不多，但当我有问题需要帮助时，她总能为我答疑解惑。郭老师也是博雅小学数学教研组的组长，因实习刚开始时我被分到了数学组，所以我对郭老师作为数学组组长的工作更了解一些。她日常除了要完成自身的教学任务外，还要指导其他教师的教学工作。为了10月份博雅小学的第二届数学文化周活动，郭老师早早就开始做活动策划方案，经学校同意后，她立即在数学组教研会上为每位教师做了分工，在教研组老师们的共同协调下，学生设计出了活动的logo，制作了数学书签、活动宣传语和数学小报，每一位学生都参与其中，在此过程中学生们加深了对数学知识的了解，并将自身所学的知识与数学相结合，设计出了很多优秀作品。我也参与了学生的作品筛选和展板的制作过程，深刻体会到教师通过这样的活动让学生体会数学的魅力、培养数学兴趣、了解数学文化的良苦用心。可以说此次活动的每个环节都有郭老师的全身心投入。为期两周的活动井井有条地开展并圆满结束，这离不开郭老师的辛勤付出。

同为三年级数学教师的王老师，是我们办公室唯一的男老师。王老师平时话并不多，但他总有独到的见解，尤其在评课的时候，王老师总会提出一些新颖的观点。平时在数学组的群里，当其他老师有数学问题需要求助时，王老师也总会在第一时间解答。最令我感到钦佩的是王老师在课堂上对待学生的态度，他总是那样耐心地与学生交流，时刻鼓励学生勇敢表达，因此他的学生在课堂上总能毫不怯场地各抒己见，这群孩子比同龄人更有立场、更有想法、更会表达。

三年级（2）班的语文教师张老师，她更是一心一意对待学生。尽管张老师临近退休，但她对学生的热情与对教学工作的投入，不比任何人少。每天早晨经过三年级（2）班教室时，都会看到有孩子在楼道的图书角看书，或一人独看，或是二三人分享，长时间观察以来，我发现他们是真的喜欢看书，并非三分钟热度。除了学校为学生们提供了便利的读书环境外，我觉得张老师的引导功不可没。在她的课堂上学生们想说、敢说、爱说，这和他们每天至少一小时的阅读时间密不可分。我认为培养学生对阅读的兴趣不只是说教意义上的"读书可以使你们……"，这样未免让读书变得过于功利，读书本是一件幸福的事，尤其是对人、对世界充满了好奇和热忱的小学生。

当学生有了读书的兴趣，也就有了阅读的欲望和动力，那怎样让学生们爱上阅读呢？在与张老师的交流中，我学到了很多：第一，教师要身体力行，分享自己的阅读经验，告诉学生们阅读是一件有趣的事情。第二，要有专门的阅读交流课，让学生在同学和老师面前表达自己的读书趣事和心得。学生得到了锻炼，教师也可以了解每一位学生的阅读情况，并做出适当的评价以引导其后续的阅读。第三，需要家长配合，在家里为学生提供良好的阅读环境。最好是在学生读书的时候，家长也能在旁边读书，而非拿手机刷屏，这样学生们在阅读时注意力会更集中，坚持的时间也会更长。第四，为"学习小达人"录视频，每天下午张老师都会为一名近期阅读表现好、想要分享的同学录制小视频，并发到班级群里由其他同学和家长点评。三年级的学生具有较强的表现欲，他们努力在成为"学习小达人"并积极表现自我的同时，也保持着对阅读的兴趣。

张老师认为小学语文阅读教学中，教师要针对小学生的年龄特征，有意识、有目的地进行培养，要做到持之以恒，让学生在丰富多彩的活动中提高阅读的兴趣，最终让学生喜欢阅读。张老师的"绝招"无一不体现了这些要求，让学生爱上阅读、享受阅读。我从张老师身上看到的，是多年后我想要成为的模样。

还有一位语文老师，是三年级（1）班的班主任刘老师。刘老师应该是小学生理想中的班主任，漂亮，有耐心，关心每一位学生，喜欢和学生交流沟通，可以感觉到三年级（1）班的孩子们都很喜欢刘老师。我听过刘老师的语文课，生动有趣、环节紧凑，注重每个学生的感受与表达，听她的课有种非常享受的感觉，让人回味无穷。

最后要说的是承担三年级英语课的应老师，因为她带的班多，所以应老师要批改的作业是最多的，每天早晨都可以看到应老师的办公桌堆积了"小山"一样的作业，但应老师都会仔细批改，还会将个别学生叫来单独辅导。工作量如此之大，然而应老师的课堂质量并没有因此降低，她备课非常充分，上课时总能轻易地吸引学生的眼球，让学生时刻保持学习的兴趣。这样英语学习对孩子们来说是可持续发展的，因为孩子们不会缺乏持续学习的动力。

这些良师益友无时无刻不在给我传输优秀教师的精神和力量，让我在不知不觉中得到了成长。

环境：孩子的第三位教师

在这段时间里，我逐渐意识到一位教师教给孩子们的不仅仅是知识，更重要的是对这个世界、对生活的理解。如果这一切是从教师身边开始的话，学校环境就是这个媒介，所以教师对学校环境的态度和情感会直接影响他们的学生，更会影响他们对教师职业的归属感与幸福感，这里所说的环境包括物质环境和人文环境。

　　教师对于物质环境的态度直接体现在其对学校的一草一木、一本书、一盏灯等的行为上。就拿楼道里的图书角来说，最初学生们习惯看完书就将书随便一放，往往还没到放学的时候，书架上的书都已经东倒西歪了，以至于每天下午值日生总要花很长时间整理书架，第二天又是如此……老师们也提醒了很多次，但成效并不显著。我想不如就以身作则吧，于是我总会抽空去收拾书架，孩子们看到了，也来帮我收拾，这时我会跟他们交谈一些他们喜欢的书籍以及我上小学时喜欢读的书，然后分享自己是如何爱护书籍的，这比单纯说教更加有用，间接引导了孩子们的行为以及对摆放书籍这件事应有的态度。

　　人文环境对人的影响是潜移默化的，在处处充满着教育情怀的学校更是如此。我看到过校长因为放学路队安排不合理而怒发冲冠"吼"体育老师，也看到过校长和这些老师午饭后一起打乒乓球，被体育老师们"嘲笑"球技不佳。我看到过教学研讨会上两位老师因意见不同而激动地争辩，然后发现两人的出发点是一致的，最后哈哈大笑。诸如此类的局面很快就会被教师们抛之脑后，因为每个人都没有恶意，这样有趣又健康的人文环境也让老师们乐在其中。

　　我喜欢上了有时吵得让我"头大"但又让人乐在其中的课堂，喜欢上了那群调皮可爱的孩子，喜欢上了彼此开着玩笑、为教导孩子们煞费苦心的同事们，喜欢上了这所学校。这次支教是我步入社会前的一次检验，让我更加期待自己未来能成为一名"四有"好老师，支持这里的孩子们走得更好更远。

　　　　　　　　　　　顶岗支教实习学校：西宁市城北区博雅小学

努力才会有回报

旦真措姆

闲暇时刻，回望来时的光景，匆匆之间，顶岗支教实习已有数月。还记得初来乍到时的生疏和不适，还记得初上讲台的忐忑和焦虑。现在想想都恍如昨日，一切都历历在目、清晰可辨。在此次顶岗支教实习过程中，我受益匪浅，收获颇多，从一名手足无措的大学生，逐渐成长为一名能够从容应对教育教学工作的顶岗支教实习教师。

人生天地之间，若白驹过隙，忽然而已，回顾这段时间的顶岗支教实习生活，似是历经了人生中的酸甜苦辣。9月4日，我们乘着大巴车离开了学校，踏上了顶岗支教实习的旅途，从西宁到囊谦大约1000千米，伴着胃疼坐了两天的大巴车，终于到达顶岗支教实习的目的地——囊谦县，随后我被分配到囊谦县第二完全小学。9月初的囊谦到处都在施工，汽车在走过很长一段泥泞之路后到达第二完全小学。刚到学校，校长就献上了哈达，热情欢迎我们的到来。

初来第二完全小学，学校并未立即安排工作，而是让我们先熟悉一下自己的工作环境以及实习所在班级的学生。在过完第一个教师节后，我被安排到新综合楼四楼的办公室，虽然没有和自己的伙伴在一起办公，但这却是个了解学校的好地方。四楼办公室的校本课程藏文书法深深吸引了我的注意，后来在与教师的交谈中了解到，第二完全小学所有学生从一年级开始都要学习藏文书法，每每看到他们一笔一画地仔细临摹，心中总会泛起一丝感动，总会被他们认真的态度触动。

在此次顶岗支教实习中，我承担的是小学的教育教学工作，但我深知作为教师的责任和使命，所以并没有因为面对的是一群几岁的孩子而放松警惕。

在本科学习过程中，我深知教育对人的发展的重要作用和价值，因此我认真学习理论知识，并积极投身教育教学实践，努力成为一名好老师。由于学校给我安排的是四、五年级的科学课程的教学工作，再加上值周等原因，我接触最多的便是一、四、五年级的学生。每个年级的学生都有自己的年龄特点，一年级的学生活泼可爱，四年级的学生听话认真，五年级的学生已有些许叛逆……这也就需要我根据学生身心发展的不同水平和特点，采取适宜的教育教学方式和手段，为不同年级的学生提供适宜的教学活动。

第二完全小学的走读生比较多，但也因为离家太远等因素，有部分学生住校。我也经常去住校生的宿舍，在走访宿舍时我发现年纪小的学生缺乏基本的自理能力。一年级（4）班的桑丁就是十分典型的例子，每每看到她灿烂的笑容，干燥的头发，我的心都会揪着疼，只好尽我所能为她提供帮助。每到中午，她都会在女生宿舍旁的亭子里写作业，每当我经过，便会去看看她，辅导她完成作业，也给她整理一下衣服。

在教育教学方面，通过旁听各科老师的授课，我发现优秀教师的课堂，都有一个共同特征，那就是不太需要花过多精力维持课堂秩序，因为学生上课都极为认真，所以课堂纪律根本不是问题。因此，为了提升教学质量，我经常做教学反思，也时常请教其他有经验的老师，以此改善课堂纪律，在这方面虽有进步，但还需要进一步学习。

在日常教学工作中，有个别学生和班级给我留下了深刻印象。在我授课的所有班级中，五年级一个班级较为特殊，这个班级在成绩上略逊于其他班级，但经过我的仔细观察发现，这个班级整体较为活泼，不喜欢传统的讲授式教学方式，更喜欢思考而且有很多天马行空的想法，我在他们身上看到了不被固定思维束缚的创新性思维萌芽。于是我突发奇想，让他们通过"小组讨论"来掌握知识，让他们成为学习的主人，成为"小老师"。可万万没想到，在这种方式的引导下，学生们认真投入，教学效果出乎意料，不但课堂纪律变好了，而且学生们也更喜欢科学课程了。不仅如此，每每他们对一些问题有奇思妙想的答案时，我并不会深究他们想法的对错，反而会鼓励他们大胆自信表达，并进行正确的引导。

顶岗支教实习，对于我个人生活方面，可谓竿头日上。第一，是性格上的变化。以前的我性格腼腆，很少与人打交道，也不会主动与人交流，但通过这次顶岗支教实习中与领导、同事以及学生的相处，我比以前开朗活泼了许多，现在的我喜欢与他们交流。第二，对未来职业规划有了基本定向。通过这次顶岗支教实习，我对自己的认识也成熟了很多，明白了自己想要什么，进一步明确了未来的职业定位，从而为未来发展做好规划。

"悄悄的我走了，正如我悄悄的来，我挥一挥衣袖，不带走一片云彩。"①我真的没带走一片云彩吗？不是，我带走了他们的思念和他们的祝愿。亲爱的同学们，我会回来看你们的。人可能就是在一次次不断超越自己的过程中，攀登到人生的顶峰的，就像破茧成蝶一样，一旦突破了限制自身发展的瓶颈，那么胜利就离你不远了。在接下来的时光里，我会继续努力，做好自己的本职工作，努力积累经验，扎实学好专业知识，夯实专业技能，为成就更好的自己做准备。

漫漫人生路，希望我们都能够在人生道路上努力奔跑，勇敢向前。

顶岗支教实习学校：囊谦县第二完全小学

---

① 徐志摩．再别康桥：徐志摩诗歌全集［M］．青岛：青岛出版社，2019：407.

支教时光

陈维贞

时间过得很快，依稀记得出发去顶岗支教实习的第一天，紧张又兴奋，转眼间就快要结束了。回忆起4个月顶岗支教实习中的点点滴滴，梳理自己的收获与成长。

付出努力，收获快乐

教学工作是我们顶岗支教实习的重点工作之一。在此过程中，我们每个师范生都要将所学的专业知识和教学技能应用到实际教学中，在实践中不断提高自己的教学水平。

听课——虚心取经。顶岗支教实习刚开始的时候我一直在听课，一节新课即使听了五六遍也不觉得厌烦，因为每个老师上课的方式都不同，即使是同样的内容，一节课下来也有一些新的值得学习的地方。其间还有幸遇到教研员去听课评课，更是受益匪浅。在听课前，我会明确这种听课和之前作为学生的听课完全不同，这一点在以前教育见习的时候就意识到了。我告诉自己，现在是以老师的身份去听课，不是为了学习老教师所讲的知识，而是要学习老教师怎么讲课，学习如何传授知识，如何驾驭课堂，如何控制授课时间，等等。因此，在听课时我会认真做好听课笔记，注意老教师讲解过程中的教学思路，如何引入，如何设置问题，如何调动学生的学习积极性，还会特别注意老教师的课堂语言组织能力。每个老教师的教学风格都不同，新教师跟老教师对课堂教学的处理也不同，都各具特色，都有值得学习的地方。

备课——台下十年功。在顶岗支教实习前期，我就主动确定要上的课，这是为了做好充分的备课工作。因此，我先确定了两节必须上的课，即"细胞中的糖类和脂质"和"细胞中的无机物"。这两节课都是我从来没备过的课。因为总觉得比较简单，越是简单就越不知道怎么讲好。于是，我从头开始，边听课边备课。首先，细读教材和教学大纲，确定各节的教学重难点和需要讲清的知识点。其次，在参考一些课件和教案之后，整理好自己的教学思路。最后，自己动手制作课件和撰写教案。除此之外，我还去听了其他老师讲授这两节课并在听取指导老师的一些意见之后又做了适当修改。修改完成之后，再组织语言，进行试讲。这个过程真的很不简单，我花了很多心思。

上课——台上十分钟。我的第一节课是评讲试卷。虽然不是之前准备已久的新课，但也是很重要的一节课。因为那是我第一次站在讲台上，对着学生讲了40分钟。之前，虽然在班上有自我介绍和听课，可是这些都不能消除我内心深处的那种紧张，总觉得一节课40分钟很漫长，担心自己是否能够顺利完成。终于，在大家的鼓励下，我找了两节习题课来上，先体会了一下站在讲台上的感觉。真正上过课之后才知道原来课堂没有自己想象中那么漫长，只要好好准备就没什么。原来，很多事情就是这样，在没经历过之前总是担心，可经历之后回想起来觉得也不过如此。因此，上完两节评讲试卷的课之后，给了我莫大的信心，我告诉自己：我一定可以。

评卷——检验战果。第一次段考（学期中的阶段性考试）之后，我就帮忙评卷。整个下午，虽然很累，可是跟学科组的老师们一起干活，有说有笑，也是不错的。除了这些快乐之外，评卷过程中也可以了解学生对知识的掌握程度。此外，我还会布置和批改作业，我布置的作业不是很多，通过做作业及收查配套练习书等，检查和督促学生及时完成习题，了解学生对知识的掌握情况，从而做好教学中的及时改进。

反思不足，继续努力

这学期的顶岗支教实习给我留下了深刻的印象，经过这段时间的实习，我在教学方面收获了很多，也发现了自己的不足之处。

首先，我觉得教学中最重要的是与学生的互动。作为一名老师，我应该更注重与学生的互动，了解他们的学习和需求情况，从而做出有针对性的教学。在顶岗支教实习期间，发现很多学生对学习没有兴趣，我应该尽可能地给予他们更多的帮助和鼓励，让他们对学习产生热情。同时，在教学过程中，也应该多问学生问题，引导他们思考并参与课堂讨论，让他们更加积极主动地学习。

其次，我在课堂管理方面还需要加强。在顶岗支教实习中，我发现有时候学生的注意力不集中，会打扰其他同学，这给课堂秩序造成了困扰。我应该更加注重对课堂纪律的维护，制定清晰的规则和奖惩制度，让学生明确自己的行为准则。同时，我也要提升自己的授课能力，让学生在课堂上能够全神贯注地听讲，提高学习效率。

再次，我需要提高自己的专业知识水平。在顶岗支教实习期间，发现自己在某些教学内容上掌握得不够扎实，导致有时候无法很好地回答学生的问题。因此，我需要加强对教材及相关知识的研究和学习，增强自己对知识点的理解和掌握。

最后，我还要增强自己的耐心和责任心。在顶岗支教实习期间，我发现有时候对学生的耐心不够，容易焦躁和冲动，这样会给学生留下不好的印象。所以我要学会控制自己的情绪，提高自己的耐心和情绪管理能力，用心关爱他们的成长。

总而言之，通过这次顶岗支教实习，我不仅对教学有了更深入的了解，也明确了自己未来的方向。我会继续努力提高自己的教学能力，为学生的成长和发展做出更多的贡献。

顶岗支教实习学校：乌兰县第二中学

顶岗支教实习见证我的成长

欧阳玉

　　转眼间，在湟源县城关第三小学为期 4 个月的顶岗支教实习已接近尾声，4 个月时光如白驹过隙，转瞬即逝，从刚开始的不适与迷茫到现在的不舍与留恋，在这 4 个月里我收获了许多，也成长了很多。

　　在湟源县城关第三小学顶岗支教实习期间，我主要承担数学课程教学以及班主任工作。在此之前，我虽然有许多理论知识的积累，却没有真正的"实战"经验。因此，初入城关第三小学的我，内心有着掩盖不住的慌乱。就在我迷茫无措的时候，两位老师给我带来了一些"希望"的光芒——从学习和观摩优秀教师的教学做起。听课是顶岗支教实习过程中的一个重要环节，亦是新手教师快速成长的有效方式。在两位老师的帮助和支持下，我学习和观摩了很多优秀教师的教学，语文、数学、英语、体育……只要学校安排了公开课，马老师都会安排我去听课学习，并要求我做好听课记录，带着问题去听，在听课过程中记录下优秀教师组织教学活动的方式、技巧，以期运用在自己今后的教学活动组织当中。在听完课之后，我也会积极寻求马老师的帮助，就教学过程中的一些感悟进行交流，马老师总会给予我宝贵的意见，让我进一步去反思、去总结，她总会微笑着和我说："初入校园不用太着急，让自己沉淀下来，现在这个阶段，多听课、多反思、多总结才会有更大的提升。"我也一直牢记马老师的嘱托，坚持多听、多看、多学、多反思，在顶岗支教实习期间通过观摩这些优秀教师的课，我学到了很多内容，比如，如何设计有趣且有效的学习活动，如何将复杂内容通过一步步的导入分解为简单的问题，如何根据问题进行有效的提问，如何针对性地进行表扬……

　　在听课的过程中，我印象最深刻的是六年级数学教研组组长李老师讲授的公开课——"鸽巢问题"。这一节课不论是活动的设计环节，还是巩固练习环节，每一步都紧密联系且设计合理。在课堂教学当中，李老师巧妙地将这节课最难突破的内容通过苹果分配游戏和操作活动的方式解决了。他先是创设分苹果的游戏情境，而后用少量小球代替苹果请学生按要求将它们分配在几个外观相似的箱子中。以少见多，李老师先利用实物帮助学生理解数学原理，再逐步将苹果和箱数扩大，帮助学生逐步脱离实物开展运算。以游戏引入，以游戏结尾，这样的方式既吸引了学生的注意力和兴趣，又让学生在游戏和实际操作中掌握了知识。通过这节课我也慢慢懂得了，教学活动的设计和准备，既要关注知识点本身，也要考虑学生的年龄特点和认知规律，从学生的角度出发，保障学生在学习中的主体地位，有效激发学生学习的积极性和自主性。

在观摩学习了一段时间后，我也逐渐开始准备"实战训练"。在整个教学过程当中，最深的体会便是一定要认真备课。每次上课前我都会认真备课，但有一次，却出现了特殊的"翻车"现象。那一次正准备讲解"小数的初步认知"，但由于在学校学习期间听过西宁一线教师的讲解，所以刚开始备课的时候我还特别自信，没有去学习名师教学视频，也没有翻看相关练习，只是简单地设计了学习活动就走上了讲台，虽然这节课在讲课过程中并没有出现什么状况，但是在练习部分却出现了很大问题。针对这节课，我设计的活动重点是让学生结合所学内容，即理解十分之几就是零点几，但是在练习当中，出现了百分之几，出现了两位小数，我对比十分之几就是零点几，类比讲解了百分之几就是零点零几，但我只是简单讲解了一下，没有做过多的解释，认为这是课本之外的内容便忽视了。但在第二天作业反馈当中，我发现练习当中出现了各种答案，这时候我才意识到我"翻车"了，我赶紧向我的指导老师和办公室其他数学老师反映了这个问题，她们都给了我很多建议，之后我再次设计了学习活动并重新上了这节课。通过这次比较严重的"失误"，我明白了不管对这节课掌握多少，都应该认真备课，认真对待每一次讲课。

岁月如梭，通过为期4个月的顶岗支教实习，我深刻地感受到了作为一名老师的辛苦和责任。在此次顶岗支教实习期间，学校的领导、老师都给了我很多的指导和帮助，同样给了我很多的锻炼机会。指导老师严谨认真的教学风格、深厚的理论知识、丰厚的教学经验以及对学生悉心的关怀，都给我树立了良好的榜样，让我受益匪浅。从备课到走向讲台，老师们悉心指导，反复修改，使我有了很大进步。与学生相处的 4 个月里，我也收获了与学生们的友谊，课堂上我们是师生，课下我们是朋友。短短的 4 个月，我不仅巩固了自己所学的专业知识，还把理论运用到真正的课堂教学中，这段宝贵的经历培养了我教育和教学上独立工作的能力及与人合作的能力。

顶岗支教实习见证了我的迷茫和无措，也见证了我的成长和进步，虽然步入社会以后还有很多东西要学习，还有很多教训要吸取，但我已经做好充足准备。在今后的学习和生活中，我会牢记此次顶岗支教实习的深刻体会和感悟，也会牢记指导老师们的殷切希望，努力学习、加强实践、不断反思、迎难而上，为努力成为"四有"好老师而不懈奋斗。

顶岗支教实习学校：湟源县城关第三小学

爱心起航，让梦飞翔

陈　染

　　支教，在狭隘的人的眼里是作秀，可在真正经历过支教的人看来，那是种幸运，也是种信念。没有见过大海的人，永远不知道大海的波澜壮阔，同样，没有支过教的人，永远不知道支教的意义。

　　9月5日，年轻的我们捧着充满热情的心，满怀对支教生活的美好憧憬，第一次走出了象牙塔，走向社会，来到了这次支教的学校——西宁市育才学校。西宁市育才学校位于城东区一个建成还不到五年的新社区，该社区地处西宁较边远区域，居住人口主要以城市外来务工、低收入家庭、边远州县迁入为主，学生生源多为流动人口子女、低收入家庭子女、留守儿童。① 这是我来这所学校前对学校情况的大致了解，心中不免对学生产生了怜悯之心。但来到这所学校之后，经过与孩子们的一番交往，透过一双双清澈的眼眸，我发现从他们身上看不出一丝一毫因贫穷或落后而低落的状态，反而洋溢着这个年龄阶段孩子该有的欢乐，这时我才明白之前的忧思大抵是多虑了。

　　当走进育才学校的那一刻，陡然间让我明白了师长的期许和肩上的责任，如今顶岗支教实习快1个月了，我感觉我们经历了许多从未有过的经历，这些经历正让我慢慢从学生向老师转变。而让我明显感到身份转变的有两个节点。

　　第一个节点。9月10日，是中华人民共和国第34个教师节，这也是我人生中的第一个教师节，做了十几年学生的我从来没有体会过老师过教师节是什么样的感受，而如今我既感受到了身为教师的那种幸福和骄傲，又感受到

---

　　① 育才学校"爱心树"结育人幸福果［EB/OL］. 和谐东区，2016-12-27.

了肩上的重担。教师节那天走在红毯上时，校长对我们说："教师是蜡烛，燃烧自己照亮别人；教师是粉笔，磨短自己补长学生。教师的事业天底下最壮丽，教师的称号人世间最可敬！你们今天将过一个真正的教师节。今天处处洋溢着赞美与感激之情，拨动真诚的心弦，跳动快乐的音符，吟唱青春的美妙，铭记成长的辛酸，成功的道路离不开你们。"

非常感谢西宁市育才学校提供的支教平台，让我能有机会来锻炼自己。校领导和老教师对我们支教老师非常重视，给予我们无微不至的关怀和照顾，无论是在生活方面还是在工作方面，他们都尽可能为我们提供方便，使我们倍感温暖，让我们在支教生活的每一天感触颇多。

第二个节点。在与孩子们的相处过程中，我发现我的身份已经转变了，在这里我不再是学生，而是一位老师。自己的一举一动，都会给孩子们带来不可预知的深远影响。于是我平等地对待每一名学生，不在他们面前表现出对谁的偏爱。对一些很小的事情，也会认真对待，每一个细小的错误，我都会耐心地纠正。在一次折纸课上我对一个孩子的印象较为深刻。这个孩子学了好几次折纸，学不会就生气了。我说："老师再教你一次好不好？"他紧紧咬着嘴唇说："我不会折。"我知道这孩子的心里一定是有了一种屈辱和被嘲笑的感觉，觉得自己很笨所以在生自己的气。我不敢笑，也没有说别的。我用了最平常的语调，最平常的表情，加上一点点温柔，告诉他："不着急，老师和你一起慢慢折。老师偷偷告诉你一个小秘密，老师小时候可是连对角线都不会折呢。"话音刚落，我在他的眼中读出了震惊，我想他的小脑瓜此时一定会想"老师原来也不是万能的，还有老师不会的呢"。然后我一次次折给他看，虽然他不说话，但是我知道他在看。直到最后一次，他突然说会了，然后折给我看。我摸了摸他的小脸问他刚才是不是在骗我，然后他笑了。此后我发现他对我不再排斥了，遇到了问题会主动告诉我，向我寻求帮助，在我眼中他也变得越来越生动活泼了。

上天让我遇见这群活泼可爱的孩子，告诉我生命中的某些道理，在陪伴和教导他们的过程中，用身教实践生命，用付出寻找幸福源头，而孩子们，他们用童年，诉说着一段故事，一段属于我们共同构建的美丽童话故事……

我想支教的生活就像一杯清茶，没有华丽的色泽和浓厚的味道，淡淡的清香却让人回味无穷。在顶岗支教实习中，我们得到了锻炼，也找到了目标，以后我会不断完善和提高自我，一方面巩固教育教学知识，加强对教学技能的训练和提升；另一方面不断向优秀教师讨教学习，为真正成为一个出色的人民教师做准备。相信在以后的日子里，我始终会带着一颗感恩的心、一颗奉献的心，在教育生涯里不忘初心。

　　几个月的支教生涯很快就要结束了。此刻离开，一切浮花似梦。把梦留在这里，让他们开花结果。

顶岗支教实习学校：西宁市育才学校

勤学修德，为人师表

吴荣富

这是我人生中第一次也是唯一一次以实习生的身份，到高海拔偏远州县学校去顶岗支教实习，这段经历对我而言意义非凡。以前总把支教想得很神圣很遥远，然而，当自己亲身经历后才真正理解其中的滋味。

在去之前，已经确定了我将赶赴的是囊谦县。我查阅资料得知，从路程上看，囊谦距离西宁约 1000 千米，相当于从北京到武汉的距离。从气候上看，囊谦一般海拔在 4500 ~ 5000 米，且日照时间长，辐射强烈，日温差大，四季不分明，只有冷暖两季。当时这让我有点担心，于是好多问题涌上心头，我能否适应这里的环境和气候？我的语言能否在当地进行有效沟通？……这些都不知道。

9 月 3 日，师范大学在新校区大学生活动中心广场前隆重举行了顶岗支教实习出征仪式，记得当时省教育厅和学校的领导都来为我们授旗送行。随着学校领导一声响亮的"出发"号令，参加顶岗支教实习的 900 多名师范生踏上了顶岗支教实习的征程。

赴囊谦的小分队，在大巴车上经历两天的颠簸后，终于到达了顶岗支教实习地点。县教育局根据各个基层中小学的实际情况，将我们分配到不同的学校，而我被分配到囊谦县第二民族寄宿制藏文中学（以下简称二民中）。到二民中后，学校教务处主任给我们安排了具体的工作任务，并为我们讲解了教育教学的一些注意事项。之后，在后勤负责人的带领下，我们住进了教师公寓。由于 9 月 5 日（星期四）已临近周末，学校为了让我们适应当地高原气候，调节身体状况，安排我们休息两天后正式展开具体工作。

刚到囊谦县的时候，对于这里的生活环境一点也不适应，作为南方人的我，第一次到海拔这么高的地方，在这吃不惯、住不惯，还有轻微高原反应，但我仍然努力调节自己，让自己逐渐适应高海拔环境。在此次顶岗支教实习过程中，还有4名实习老师也被分配到了二民中，我们互相帮助，一起购买生活用品、一起开展教学研讨等，再加上学校教师的热情帮助，用了近两周的时间，我慢慢适应了这里的生活和工作。

在实习刚开始不久，就遇到了学校的首届运动会，我觉得这是一个绝佳的可以和学生近距离接触的机会，可以为以后教育教学工作的开展做好铺垫。于是我作为裁判加入其中，白天进行运动会比赛项目，晚上利用晚自习时间和学生们相互了解。我们会分享生活中发生的有趣的事情，学生们也会畅想未来的世界。从他们的话语中，我深深地感受到了他们对未来世界的求知和向往。

运动会结束后，我们也进入了正式的教学阶段，我首次体会到了什么叫难受和手足无措。在这所学校，孩子们的藏文比较好，但普通话理解能力比较薄弱，这也导致我在地理教学的时候，无论怎么讲解他们都半懂不懂，为此我深深地陷入了苦恼当中，一度十分迷茫。再后来实在没有办法，我便一个知识点一个知识点地讲解，争取让大部分的同学能够听懂，之后我再继续讲解后面的知识点，这无疑是一个巨大的工程，费时费力。

时间不知不觉过去了一半，期中考试随之来临。我心里想，我这么努力地付出，而且70%的题目在日常教学中已经讲过不止一遍，那么大多数人及格应该没什么问题吧。判完试卷的那一刻，我差点晕厥过去，考试的结果和我预想中的完全相反，全年级就一个人及格，大多数人考了几分、十几分，我十分难过，不知道哪里出了问题，甚至一度怀疑自己不是当教师的"料"。

后来我不断地总结反思，尝试用各种方法来进行教学。一次次失败、一次次尝试，我相信一切都会好起来。逐渐地，教学也进入了尾声，我好像"失败"了，又好像成功了。我"失败"在时间比较有限上了，我是整个年级的地理老师，由于任教的班级和学生都比较多，我在教学上很难照顾到每一位学生，这一点我很愧疚。我成功在与学生的相处上，我们相处得十分融洽，和他们在一起我感到十分开心，这里的孩子天真无邪，眼睛里面透着灵气，每每看到他们的笑脸，我都会不自觉地笑起来。

当然了，在这一学期的顶岗支教实习中，我也有许多感悟。

　　首先，顶岗支教实习中开展的教学活动不是学校的课堂模拟，其中会出现很多无法预料的意外。学生并没有课堂模拟那么"配合"，会紧跟老师的课堂进度。有的人会开小差，有的人会和前后左右说话，有的人在写作业，有的人会"神游天外"不理会人。作为老师，这些问题都需要解决，无形之中就会影响教学的进度，甚至会影响整节课的教学效果。

　　其次，在顶岗支教实习中，我们会学到很多在大学里学不到的知识，只有进入教育教学真实情景当中，才会有更深的体悟。在大学里我们主要集中于理论学习，而顶岗支教活动是把理论转为实践的一个重要过程，通过实践我们才能真正把所学知识内化成自己的技能。同时，实践也是检验我们教学水平的关键，在实践环境中我们会更加清楚地知道自己哪里做得好，哪里还存在不足，然后对不足加以改正。只有这样我们才会进步，才能在教育事业上走得更远。

　　再次，最为重要的是我内心的转变，这一次顶岗支教实习让我实现了从"学生"到"教师"角色的转变，让我感受到了教师这一职业的意义和责任，也让我更加清楚地看到了自己仍需努力学习和提升的地方，从而为今后真正走上讲台、有效开展教育教学工作奠定良好的基础。

　　最后，以学校的校训勉励自己，也与每一个顶岗支教实习老师共勉，"勤学修德，为人师表"，愿我们在以后的道路上越走越远。感谢这里的每一位学生，感谢这里的一切，这将是我永远难以忘怀的经历，也将是我最美好的回忆。

　　　　　　　　　　　　顶岗支教实习学校：囊谦县第二民族寄宿制藏文中学

学无止境　路无穷期

姜梅蓉

4 个月的顶岗支教实习生活，让我学到了很多之前在课堂上接触不到的东西，真正体会到了作为一名教师的苦与乐，也体会到了教师肩上的重大责任，这段短暂却又不普通的顶岗支教实习之旅给我留下了许多美好的回忆与珍贵的体验。

3 月 19 日，前往贵德县顶岗支教实习的小分队出发了，作为其中的一员，我非常期待这次的顶岗支教实习生活。在前往贵德的路上，我一直在思考我会被分配到什么样的学校，在这段时间我会遇到什么样的老师和学生。一切的一切都让我无比兴奋，经过近两个小时的路程，我们终于来到了"高原小江南"——贵德县。贵德县拥有美丽的自然风光、轻柔的河风、清澈的黄河水，让我脑海中不自觉地浮现出那一句"天下黄河贵德清"。在紧张、激动的情绪之下，不知不觉间我们的小分队已经到达了顶岗支教实习点——贵德县河西寄宿制学校。

我很荣幸能够成为此次顶岗支教实习的一员，这是一次令我收获颇丰的经历。在此过程中，我不仅增长了教学经验，提升了教学技能，获得了成长，同时也收获了最纯真、最美好的感情。

在此次顶岗支教实习活动之前，我从未有过实际的教学经验，但在顶岗支教实习过程中，我学会了独立制订课程计划，并在课堂上尽最大努力为学生们提供帮助和支持。在最初的一段时间里，我感到特别紧张、茫然，甚至不知所措，外加自身实践经验的缺乏，使得我在刚开始的几次上课环节当中，出现了语速控制不当、知识点讲解不清晰、"卡顿"等情况。例如，在第一次站上真实的讲台、面对真实的学生时，我既紧张又激动，在这种情绪的影响下，面对一位学生意料之外的提问时，我"卡顿"了，愣了一会儿，才回答了学生的问题。同时，在一开始的几次教学环节中，也出现了学生在课堂上兴致不高的情况。这些与理想不符的小状况让我感觉有些挫败，本以为在学校里对知识掌握得还不错，但是到真正实践的时候，我才意识到我所掌握的知识是如此的浅薄。

针对此类问题，我及时调整，观摩各科老师平时对课堂、公开课的组织和开展，学习各位老师上课的教学过程，汲取教学经验，听取他们的教学反思和意见建议，然后我对自己的课堂进行了调整，及时改进教学过程中存在的不足，避免以后教学过程中出现相同的问题。抱着对学生负责和对自己负责的态度，我细心琢磨教材，认真钻研教学设计，精心制作教学课件，反复修改打磨，请指导老师观课、评课。后来，我在教态、板书、教学语言、课堂管理方面都有了很大进步。

在顶岗支教实习过程中我还收获了一群一生难忘的朋友们，他们就是我的学生。因为我也承担班主任工作，所以相比其他教师来说，我与他们相处的时间更多。他们会在我初到教室时给我小惊喜，哪怕我已经猜到了他们要干什么，但心里仍感到一阵喜悦。他们会在下课时和我说一声"老师辛苦了"，那一刻，我觉得嗓子嘶哑也是值得的。他们会在犯错的时候小心翼翼地抬头看我，那一双双眼睛就像在祈求我的原谅。他们很喜欢拍照，所以每一个值得记录的时刻，我都不会错过，他们会在我按动快门的一瞬间，不约而同地向镜头比各种姿势。他们会在我值班的晚自习偷偷给我做各种手工，却不好意思当面送我，只是偷偷放下轻轻离开。美好、纯真、可爱，我想不到其他更好的词语来形容他们，遇见他们是我在顶岗支教实习中最大的收获。

顶岗支教实习之旅已经结束，这4个月短暂却又充实的经历，对我今后走出校园、走向社会发挥了桥梁和纽带作用。在这段时光中，我也不断总结，作为一名小教全科专业的学生，要想成为一名卓越的小学教师，那我们是否已经做好相应的准备了呢？我想是的，或许我们之前从未思考过这样的问题，但在此次顶岗支教实习中，通过组织和开展教学活动，不断地发现问题、分析问题、解决问题，在潜移默化中促进了我们各方面能力的发展和提升，在顶岗支教实习过程中我们每一个人都在不知不觉中做好了准备。也许我们没有察觉到这一点，但我想这或许就是我们顶岗支教实习最大的意义——为成为一名人民教师做好准备。

对刚走出校门的我们来说，身上有太多的锐气以及娇气，就像是刚从山上开凿下来的石头，有太多的棱角，而顶岗支教实习的几个月就像是雕刻的过程，把我们打磨得更加有用。感谢顶岗支教实习这段宝贵的经历，让我明白要想成为一名合格的教师，我应该具备哪些能力和知识，怎样更好地去适应这个社会。为了适应社会，我们就要不断地学习，不断地提升自己，在实践中锻炼自己，使自己在激烈的竞争中立于不败之地。

"路漫漫其修远兮，吾将上下而求索。"顶岗支教实习有得有失，有喜有悲，有苦有甜。在此次顶岗支教实习中，我看到了自己存在的问题，我也将在今后的学习和工作中不断改进，努力提升自己的专业水平。顶岗支教实习旅程虽然已经结束，但是教师专业发展的征程还没有到达终点，面向未来我将继续努力，向着更高水平、更强能力、更远理想迈进！

顶岗支教实习学校：贵德县河西寄宿制学校

不忘初心，砥砺前行

马常梅

东流逝水，落叶纷纷。顶岗支教实习的时间如白驹过隙，一晃眼，便结束了。还记得刚参加顶岗支教实习的我们，满腔热情、充满期待，当时的情景仿佛就在昨天。回想起 3 月 14 日那天，我同 4 个小伙伴初至位于海南藏族自治州共和县的青海湖民族寄宿制学校，带着满满期待与些许紧张，开始了顶岗支教实习生活。

青海湖畔，书声琅琅。走进青海湖民族寄宿制学校的校园，首先映入眼帘的是飘扬的国旗与花朵中簇拥着的党徽，教学楼两旁题词"不忘初心、牢记使命""好好学习、天天向上"。教学楼前的石壁上刻着校训"谦虚、博学、勤思、善辩"与"慎取、乐教、静心、乐学"，整个校园洋溢着生机与希望。校园自东向西分别为体育场、综合楼、篮球场与教学楼等崭新的楼宇，这些建筑如梯田般错落有致，显现出一种灵动之美。

初来青海湖民族寄宿制学校的前两周，由于指导老师即将外出培训，我便承担了我的指导教师张老师的初一的英语教学工作。在指导老师的指引和帮助之下，我很快熟悉了教材并了解了学生的基本状况。由于这时候，正处于传染病肆虐的高发时期，很多学生因病请假，教学工作受到了较大挑战。等到传染病基本结束时，学生也陆续到校，就这样，慢慢地，我和这些可爱的孩子熟络了起来。

后期由于各种原因，我又承担了二年级的语文教学工作。在实践中我深深体会到了教学要尊重学生的身心发展特点和年龄差异。二年级的学生正处于皮亚杰认知发展理论中所提出的前运算阶段，该阶段儿童的思维具有不可逆性，还不能进行抽象的思维运算，所以在制作教学 PPT 时，要结合图片给学生们进行展示。例如，在讲解诗歌时，我会选取符合诗歌内容的图片进行讲解，以帮助他们更好理解知识点。并且，二年级学生有意注意持续的时间较短，所以教学时应注重有意注意时间的分配。相比而言，初一年级学生的认知不断发展，个人能力逐渐提高，思维方式也发生了变化，心理趋向稳定，显示出一定的个性特征，独立解决问题的能力逐渐增强，抽象逻辑思维也在不断发展。相较于初一年级的学生，二年级的学生更为懵懂，但他们也更加善于表达自己的情感。在上完最后一节课后，他们用自己所独有的懵懂青涩和纯真可爱深深打动了我，一些孩子在下课时给我塞了几封信，还有一些孩子将他们认为最珍贵的东西送给了我，我很感动。

在顶岗支教实习过程中，有一位学生给我留下了深刻的印象，也让我在实践中逐渐懂得教书育人是一个过程，不可急于求成。大多教师认为"没有规矩不成方圆"，更习惯拿自己的威严震慑学生，但对儿童最好的教育是"严而不厉，爱而不溺"，我们更应该走进他们中间用心去聆听他们的故事。来自四年级（2）班的小轩，本该是一个无忧无虑、快乐成长的孩子，但由于家庭的变故，让本就内向不爱说话的他，变得更加孤僻不爱理人。渐渐地，他也成了同学口中的"怪人"。一开始他并不搭理同学，后来出于某种不恰当的心理，他开始"拿"其他人的东西作为反抗。刚开始了解这件事时，我心里很是不解，心里想：这么小就开始学习"拿"东西，以后可怎么办。

但后来，我开始慢慢接触这位同学，慢慢做他的好朋友，慢慢听他讲关于他的故事，在了解完他的家庭之后，我才发现，他当初拿走别人的东西并不是出于一种有意的心理，而是希望借此获得老师的关注。由于家庭变故，他十分缺乏家人的关心和照顾，也由于家长的疏忽，他变得孤僻内向。实际上，他一直都很渴望大家的关心，希望能够与同学们友好相处，但由于不懂得如何表达，便成了其他同学眼中的"怪人"。那时候，我十分后悔自己最初浅显的看法和想法，没有了解学生的实际情况，便对学生产生了误解。小轩也让我懂得，学生是未来的希望，老师则是托起希望的太阳，用心去做教育：多一个肯定的眼神，多一句表扬的话语，多一份赞美的目光，多一点平和的态度。这样改变的也许不是一个学生，而是一个明天和一个希望。

顶岗支教实习的时间虽是短暂的，但它给我留下了很多美好的回忆，也让我明白了很多道理、收获了很多经验、学会了很多技巧。顶岗支教实习期间的经历，不仅增强了我的时间观念、纪律观念，还磨炼了我的耐心、爱心和恒心，也增强了我成为一名优秀教师的信心。相信经过自己不断探索和努力，我终会成为优秀的人民教师。

顶岗支教实习学校：青海湖民族寄宿制学校

那些与你温暖相拥的时光

花青措

青春是一张纸，我们是一支笔，浪漫的笔尖可以在这张纸上尽情挥洒，却怎么也走不出纸的天涯。时光从指缝间溜走，纸张变得破旧，守一份淡然，携一份优雅，留一份空白，为了逝去的日子，更为了天空与那片土地的爱与承诺。

还记得那天前往实习学校的路上，汽车奔驰着，我想象着将要去的地方——周家泉小学，那究竟是一个什么样的地方呢？那里的孩子是什么样的呢？这一切既让我感到兴奋，又有一丝忐忑。

当我到达时，我看到的是破旧的铁门，砖红色的教学楼，热情的老师和整洁的办公室。这一切让我对接下来的实习生活有了一丝丝期待。最让我感到喜悦的是，初见时孩子们的声声问候。现在回想起来，令我欣喜的这些事物曾陪着我静静地走了那么久，关于我的半个秋冬。在那时我能够每天和伙伴们挤着早晚的公交车，感受上班族的疲惫与幸福，能够听到队友的欢笑，甚至能闻到食堂阿姨每天认认真真做的饭菜飘出的香味儿，这些都是令人开心的事。满足于生活带来的小幸福，抓住触手可及的情感。迷醉于那些让人快乐的须臾里，尽管拥有的时光短暂，但倍感珍视。那时的阳光洋洋洒洒地停在教室的讲台上，仅用温暖的橙色铭记如水一般的时光。

作为一名支教老师，第一，我在思想上要求自己积极进步、爱岗敬业、为人师表，要遵守学校的各项规章制度，积极参加学校的各类学习，并及时总结反思，努力提高自己的思想觉悟，不断地完善自我。第二，端正自己的态度，努力做到教书育人。我经常利用课余时间向同事请教，跟学生进行交流，使自己成为同事们的知己，学生们的良师益友。支教对我来说，是一次磨炼，毕竟它改变了我原有的生活规律，使自己养成了吃苦耐劳的品质。因此，我加入支教队伍之前，自己已经做好了充分的准备，无论遇到多大困难，一定要坚持下来，尽自己最大的努力干好自己的工作。因此，在工作中我坚持做到事事讲奉献，以大局为重，以学校利益为重，不计较个人得失，尽心尽职做好自己的工作。

我时常想，我们这次支教能给孩子们带来什么呢？在一次美术课上，我让他们画出自己的理想，然而最终他们却画得千篇一律。这是什么原因，我无从得知，但是也从侧面反映出了一些问题，孩子们的视野不够宽广，不然不会形成这样的结果。于是，我调整了自己的教学策略。课前，认真备课，了解每一名学生的情况，因材施教。课堂上我竭力展现教师的风采，对学生循循诱导，吸引、激励着每一个学生。课后，我认真批改作业，并对成绩不理想的学生进行重点辅导，尽量让每一名学生主动去理解、消化。我充分利用课余时间，跟个别学生谈心、交流，教孩子们善于用心灵去发现世界的美丽和精彩，让孩子们深刻明白知识与学习的重要性，进而树立起远大的人生目标。在日常教学中，努力营造民主、快乐、宽容、和谐的课堂氛围，张扬学生的个性，鼓励学生敢想、敢问、敢说，让他们在学习中思考，在体验中感悟，在活动中升华，去创造属于他们自己的世界。我认为以后的支教活动可以加强对于一些他们没有接触过的关于外界的、一些新鲜事物的教育。这样的支教活动将更有意义一些。

在熟悉了学校工作的基本流程之后，我在毫无准备的情况下成了班主任，这对我来说无疑是一次全新的挑战。当我再次看到孩子们的脸庞，我真的是百感交集，有激动、有兴奋，也有焦虑，但更多的是一起陪伴他们走下去，力争让每一个孩子都有卓越表现的决心。每一个孩子都仿佛一朵含苞待放的花蕾，他们鲜活、明亮，又灵动。每个人都有自己独特的个性，每一个孩子的个性截然不同，有的孩子内敛而深沉，有的奔放而活跃。他们正处于感情充沛的年龄，但是表现形式各不相同。在与孩子们的交流中，我始终遵从平等、尊重、真诚与民主，努力去打开每一个孩子的心门。陈同学，是让我印象最深刻的一个孩子，虽是男孩子但安静而腼腆，不论什么时候我们都会看到陈同学在座位上安静地学习，他不爱说话，不爱表达，在人群中尤为显然，甚至在上课回答问题时也非常小声，大家都需要有足够的耐心才能听懂他说话。正因如此，在后来的日子里我格外关注陈同学。

根据学校的规章制度，学校一般都会要求学生穿校服，然而我发现陈同学有好几次都没穿校裤，而是穿了牛仔裤。此后，我在班里也向大家特别强调在没有特殊情况下都需要穿校服，其实就是在给陈同学暗示，但是他依然没有进行改变。我在私底下和同学们的交流中了解到，陈同学之前透露过他不喜欢穿校服裤，这让我非常诧异，平时安静乖巧的陈同学在那一刻个性非常鲜明。后来在学校的资助材料中我了解到陈同学的父亲在他二年级的时候因车祸去世。据其朋友解释，牛仔裤是他的父亲去世前买给陈同学的最后一件礼物，陈同学从父亲去世后就开始变得安静，不爱说话。突然我似乎懂了陈同学不穿校服裤的原因，大概也是想找回自己欠缺的那份安全感。后来，我尝试着改变陈同学的状态，希望他能够将自己关闭的心门打开。因此，在课堂交流中，我会组织陈同学与他人合作探讨问题并上台分享；课外活动中，我点名让陈同学参加篮球运动，其实是希望能够促进他与其他学生的交流；同时，我也会在私底下与陈同学的家人进一步沟通，让他的家人多关注他。渐渐地，我发现那个不爱说话的小男孩慢慢地也会与同伴打闹、开玩笑，也会嬉笑着在球场上飞驰。我知道他在一点一点地改变，一点一点地将自己的心门打开。再后来，我离开了他们，也认识了一些新的学生，虽然再也没有看见他，但是我想他一定会越来越好，会变得越来越强大，他的变化告诉了我要学会用爱心和智慧等待每一位同学，不盲目地拔掉一棵苗，不草率地否定一个人，给每一棵苗开花的时间，给每一个人成长的机会，也要给自己坚定走下去的决心，相信我们都会收获"山重水复疑无路，柳暗花明又一村"的喜悦。

我们可以传递给他们的或许只有外界事物的一个轮廓、一个影子，真正的世界依然需要他们自己去探索、去挖掘、去寻找。青春的世界不需要任何装扮，返璞归真的生活反而使青春无悔的面容光照四方。流火的季节会稀释一片蔚蓝天际，沉默的小草也将开始展露情谊。这次行走在支教的路上，不单单是身体的行走，还有灵魂的行走。在实习的日子里，我和孩子们以及队友们都给予彼此温暖和力量。在这里，不仅仅是我给孩子们带来了知识，孩子们也教会了我很多，他们教会了我坚强、勇敢、责任、乐观和最重要的知足。孩子们加油，我相信，你们会越来越好！

顶岗支教实习学校：西宁市周家泉小学

挥动激情，放飞梦想

索朗德吉

一支粉笔两袖清风三尺讲台，滴滴汗水诚滋桃李满天下。成为一名人民教师，是我最大的梦想，为此我不顾身边所有人的劝告，选择了师范专业。从那一刻起，我就坚定了做一个好老师的梦想，而在通向教师职业的道路上，顶岗支教实习是一个必不可少的环节，也是我在大学阶段实现自我梦想的一个意义非凡的时刻。

顶岗支教实习的有效开展，应当以实践为途径，师范生的培养和中小学教育的发展也应当是从实践中来，到实践中去，这是促进师范生快速成长，将理论知识运用到实践中，提升师范生教育教学水平的有效方式。

9月4日，我们怀揣着激动而又忐忑不安的心，踏上了前往囊谦县的顶岗支教实习之路，虽然在车上经历了两天的折磨，但是每个人的脸上都洋溢着笑容。

到达囊谦县后，我本来被分配到香达镇中心寄宿制学校，但囊谦县第二完全小学是整个县城小学中学生人数最多的学校，而且这所学校严重缺乏师资，因此申请把一半的顶岗支教实习生留到该校，最终包括我在内的16人被分配到囊谦县第二完全小学。到达囊谦县第二完全小学后，学校很快给我们安排好了饮食起居。

我们的到来，仿佛像在湖中投下了一颗石子，在孩子们的心中泛起了阵阵涟漪。在食堂吃饭时，孩子们扒拉着碗里的饭，一双双干净澄澈的眼睛不好意思地看着我们，孩子们时不时地还与旁边的同学交流着，脸上露出惊喜兴奋的表情，我们也被孩子们可爱童真的举动逗笑了……就这样，开启了我的顶岗支教实习生活。

在此次顶岗支教实习过程中，我负责的工作主要有两项，一是担任二年级（5）班的班主任，二是承担整个一年级8个班的科学课程教学工作。除此之外，由于我本科专业为小学教育全科，所以在与其他老师沟通后，我还积极承担了一些其他课程，比如，一年级的数学、语文、藏文课程，二年级的语文、藏文、音乐等课程。

学校每周除了召开例会之外，还会组织各科教研室开展教研活动，我们也会积极响应参加这些教研活动。每个教研组都有各自的特点和所要解决的问题和任务，比如，语文组主要研讨如何为孩子们打好基础，如何能够在最快的时间内提高学生的阅读能力等；而数学教研组研讨的重点是如何提升后进生的学习成绩等。

从顶岗支教实习老师的角度来说，由于学校教学设施有限，我每天需要准备的东西比较多，尤其是教具方面，需要亲手搜集材料并重新整理，这样才能用最简单易懂的教学方法讲授知识。虽然这样会花费较多时间，但为了能够上好一节课，我一直在努力做好每节课的教材与学情分析。这样虽然我每天都很疲惫，但正是因为繁忙的教学工作，使我的支教生活不再枯燥乏味，反而变得更加生动有趣了。

说起班主任工作，二年级（5）班一共有66名学生，其中有一大半学生没有上过幼儿园，起步就比其他学生"晚"了一步，所以班内学生之间的学习基础差距较大。在担任班主任工作期间，我每天不仅要关注孩子们的学习，还要关心他们个人及班级的卫生、上课的课堂纪律等，每周还要召开班会安排一周的工作。在刚接手班主任工作时，由于缺乏班主任工作经验，我有很多问题无法及时解决，但值得庆幸的是，在其他班主任的帮助及自己的努力下，我所在的班级各方面的表现都比较优秀，并取得了一些小成就：在参加囊谦县各小学红歌比赛中，获得了第二名；在期中考试中获得了三等奖；学校值周总结会上经常表扬二（5）班等。每次在失望和焦急时，我们班的孩子总能带给我新的希望和惊喜。

仅仅半年的支教经历虽然十分短暂，但对我来说是永远都无法忘却的回忆，虽然对那些孩子来说我只是他成长道路上的一个引路人，随着时间的推移，我们存在过的痕迹也许很快就会消失在他们成长的记忆里，但这并不可怕，可怕的是时间过得太快。我多么希望时间能够过得慢一些呀，哪怕仅仅慢一会儿，这样也许就能让我在这些孩子心中多留下些东西。是啊，我怎么能舍得他们呀。

如果离别是命运书写的乐章，那在这里与我相遇的你们一定是命运妙手偶得的最美音符。我希望这次的离开是一个新的起点，山高路远，我们未来再见。

顶岗支教实习学校：囊谦县第二完全小学

初为人师简记

王东艳

实习伊始，初入校园，初为人师，满怀期待……

第一个教师节

实习恰好赶上了第 34 个教师节，教师节那天是周一，其实也是我入校的第三天。还记得那天清晨，我去学校去得很早，但一入校门，就收到了教师节的第一束鲜花。说实话，这是我人生中收到的第一束鲜花，也是第一次以一名教师的身份收到鲜花，带着这份激动我暗暗下定决心，将来一定要做一名优秀教师，为祖国的教育事业尽一份绵薄之力。

随后，我第一次以教师的身份拿到了课表，现在回想起来，那是一种期待又忐忑的心情。第一次上课是在 9 月 11 日下午最后一节课，授课对象是六年级（1）班的同学，那天下午我给学生上了一堂科学课，学生们估计是因为见到了一张新面孔，很有新奇感，课堂纪律也格外好。紧接着组织学生们一起进行了一个科学小实验。试验后看到学生填写的实验报告单，我很庆幸，我用所学知识给学生们带来了进步。

关于课堂纪律

随着讲课次数的增多，学生们也和我熟识了起来，同时带来的影响是课堂纪律有所松散。针对这个问题，我请教过很多老教师，在听取他们的建议后，课堂纪律确实有些改善，但都是治标不治本，而且造成的结果是看似课堂纪律得到了维护，但是压抑了学生在课堂表现的积极性，这个过程充满了矛盾。

后来我发现鼓励学生自觉学习在科学课程中更为实用。因为小学课程中，科学课一周只有两节，在不增加学生学习负担的同时掌握更多科学知识，最好的做法就是在课堂上高效完成所有教学目标，这就需要学生发自内心地想要学习这门课程的知识，想做到这些最有效的办法就是鼓励了。于是我便修订了教学设计，在教学中尽可能地加入动手环节，以此让学生的手和脑都"忙起来"，这样良好的课堂纪律自然就得到了保障。

花样课堂

我还承担了五年级（1）班的道德与法治课程。老实说，第一节课之后，我唯一的感受就是自己的语言太匮乏了，我没有办法用非常生动的语言将课本上的知识描绘出来，呈现在学生面前。后来，我也做出了一定调整，在课堂教学中，加入了课堂讨论环节。比如，在学习第二单元"我们的权利与责任"时，搜集了一些普法的小视频。在学习第五单元"走进科技的殿堂"时，加入"科技使生活更复杂"和"科技使生活更简单"的辩论赛，让学生通过辩论，举出例子证明，进一步感受科技给我们带来的便利。在学习第一单元第三课"架起沟通的桥梁"时，加入小话剧，让学生在话剧中感受沟通的重要性等。

我认为只要这些活动的开展可以帮助学生更好地完成课程设定的目标就算成功，所以后期道德与法治课程就以这样的形式展开了。当然，为此我也曾担心过，课堂上呈现这么多花样，课堂纪律会不会保证不了，实践教学之后，令我惊讶的是教学效果非常好。当一位学生演讲时，其余学生在认真地听。在小话剧中，学生会像"炸开了锅"似的争抢角色，但角色一旦分配好，他们就会很认真地投入表演。所以，花样课堂给学生带来了更丰富的学习体验，激发了学生学习的积极性。

听课与改作业

进校之前，我给自己设定的目标就是要不分学科地多听课、多学习。我实习的学校山川学校是一所九年一贯制学校，这为我提供了听小学和中学各门课程的机会。论听课，听得最多的还是自己指导老师的课，说实话，我觉得我很幸运，我的指导老师虽是一位非常年轻的数学教师，但她拥有着和她的年龄不太相符的丰富的教学经验，我从她身上学到了很多知识。殷老师，总是能在上课之前找出学生易错的知识点，在课堂上将其按照重点去讲，这很大程度上降低了学生的出错率，减轻了学生学习上的负担。这样，学生就有了更多时间去学习更深层次的知识。

作业是课堂教学的延伸，可以反映出学生学习的效果，教师可以根据学生的作业情况制定下一个教学目标。换言之，如果没有批改作业的过程，说严重点，教师的教和学生的学可能会成为没有交集的平行线。因此，我非常注重批改学生的作业。起初，我看到学生犯的一些低级错误时会感到莫名其妙，我觉得这种错误不应该犯，但到后来，才意识到是我自己对学生没做彻底分析，归根结底还是我对他们了解不够，认识到这一点之后，我便开始分析学生出错的原因，记录学生容易出错的题型，为后续的教学做好了准备。

感恩

这里的老师，这里的领导，这里的孩子们，这里的一切，都会在我心中留下不可磨灭的痕迹。若干年后，我一定记得在山川学校遇见了可爱的老师们，他们带领着我这个新手教师走在成为优秀教师的道路上。更重要的是，我还遇见了一群可爱的学生，他们给了我一起成长的机会。顶岗支教实习让我丰富了知识，增长了经验，让我坚定了做教师的信心，给予了我勇气。顶岗支教实习带来的是无价的人生阅历，它将成为我一生中最美好的回忆。这是一段充满艰辛和收获的经历，也是我人生中最珍贵的财富。

感恩遇见！祝我们越来越好。

顶岗支教实习学校：西宁市山川学校

顶岗支教那些事儿

田永珍

　　为了支援偏远地区中小学教育，高校培养出来的师范生有着义不容辞的责任。为此，我们一行 35 人在包博士的带领下来到了师资力量比较薄弱的囊谦县顶岗支教。对我们而言，我们将要实现从学生到教师的角色转变；对这里的孩子们来说，我们走进这里是为了让他们走出这里、走向更远。转眼间顶岗支教实习生活结束了，回想起这几个月的生活，我最大的收获就是学会了生活、学会了教学、学会了服务。

学会生活

　　到达囊谦县之后，我被分配到囊谦县第一民族中学（以下简称一民中），我是这个支教点唯一的女实习老师。在刚刚开始的支教生活中，虽然语言不通、饮食不习惯等各种问题接踵而至，但是校领导和老教师们对新来的实习老师非常重视，给予我们无微不至的关怀和照顾，无论是在生活中还是工作上，他们都尽可能地为我们提供帮助，使我们备感温暖。记得刚来学校的那段日子，在生活上遇到了很多困难，经常心情低落。学校的老教师，时不时来跟我谈心，让我从低沉的状态中走出来，并重拾信心。我们的带队老师包博士也给予了我们非常大的关心，经常不辞辛苦地来看我们，帮我们解决了很多困难。来自师大和一民中的指导老师给予的关心让我在实习生活中感受到了家的温馨。在这里我第一次学会了使用炉子生火取暖、使用煤气做饭，第一次懂得了如何与不同的人相处，第一次学会了坚强和面对困难。我学会了打理自己，始终做到勤快干净，尽管办公室已经很干净了，但我还是会每天打扫两次。我学会了慢慢成长、换位思考。在顶岗支教的生活里，我最大的成长叫作"适应"，在刚开始到校时，不管是吃的、住的、气候都让我无所适从，经常性地停水停电，让我感受到了艰苦，可是不管怎么样，我都坚持完成学校安排的工作。经过一段时间的"难熬期"，我也终于适应了这种生活方式。

学会教学

刚来的时候由于缺乏经验，班级管理、教学进行得不是很顺利，我有空就虚心向老教师请教，去听其他老师的课，但是这些只能弥补我上课的技巧。因为一民中没有生物老师，尽管我的专业是地理，但还是被安排给七年级上生物课，同样八年级的生物课也是由我们顶岗支教实习的另一位老师来上。我们只能一边学习生物新知识，一边给学生讲课。我每天会花很多时间写教案、看课本，只有理解清楚，才能有效地把所学知识教给学生。在课后我也会与同学们进行交流，来了解学生的听课效果，反思自己的教学工作。在此过程中，我明白了一些道理，也学会了一些教学方法。比如，针对比较棘手的学生上课讲话等问题，我会在课堂上走动以便准确掌握学生动向，给予学生鼓励以提高学生听讲的积极性。针对生物课的特点，采用身边的例子进行讲解以使他们能够理解。几个月的教学，我从开始上课时的胆怯、紧张到后面在讲台上的游刃有余、临危不乱，从刚开始强迫自己说"我可以"到后来的"真可以"，我的教学水平日益提高。

学会服务

都说顶岗支教实习生就像一块砖，哪里需要往哪搬，而我便是其中一块。除了完成日常的教学工作外，我还参与了实习学校的一些日常管理服务工作，每天都忙得团团转。有的时候身体会有些吃不消，大概来到囊谦第二个月时，我便生了一场比较严重的病，脑子整天晕乎乎，没有思考能力，后来嗓子发炎，说不出话来，最后靠我们一同来支教的实习生帮忙送医病情才得以缓解。

在中小学说起加班最多的要数教务处和政教处了。我一边是任课老师，一边还在政教处工作，经常加班。本来加班这种事就比较乏味，一直要处理各种文件、准备材料等，活干久了就会精神不济。而我们办公室的加班有所不同，加班累了的时候，特别是加班到半夜大家非常困乏的时候，办公室里的两个老师就会又唱又跳，每次都能逗得我们哈哈大笑。

师生趣事

说起我的课堂生活，不得不提七年级（6）班。这个班级的学生可能是觉得我不够严肃，能和学生打成一片，所以在上课时一点儿也不怕我，他们能够在别的老师的课堂上规规矩矩地做笔记，而在我的课堂上只是静静地看着我讲课，完全不知道课本讲哪儿去了，回答问题全靠"吼"，像是要比输赢一样，以致在隔壁两班上课的老师都来"投诉"我，让我的学生小声点，这种现象根本无法杜绝，因为我吼不过他们。除了上课这点事儿，还有很多让我很感动的话，比如，"老师，自习课你来上吧，我们喜欢听你的课""老师你上课很有趣""老师你一直教我们吧""老师你别回家了吧"……说不感动是假的，听着他们的这些话，我会不由自主地想对他们好，尽管他们有时候真的很气人。

我顶岗支教的生活过得很充实，我喜欢和学生在一起的时候，在这个过程中，我收获到了很多在书上学不到的东西，这也将成为我一生中最宝贵的经历。

顶岗支教实习学校：囊谦第一民族中学

我的阳光支教行

石　芳

光阴似箭，日月如梭。在阳光小学 4 个月的顶岗支教实习生活结束了，这段经历给我未来的教师职业生涯奠定了坚实的发展基础，使我受益终生。在接下来的学习生活中，我将持续消化实习中所学到的经验和知识，不断应用到教育教学实践工作中，为实现"四有"好老师的理想而努力。

致阳光校园中的每一位

"办阳光学校、做阳光教师、育阳光学生"是阳光小学的办学宗旨；以"教师和学生"的发展为本是阳光小学的办学思想；依法治校、民主办校，实施"精细化"管理是阳光小学的办学理念。在这些阳光的办学理念推动下，阳光小学的校园里处处都能看到阳光的影子，处处都能感受到阳光的温暖。一声甜甜的老师好，一抹嘴角扬起的微笑，一个可爱的小动作，便让老师打心眼里感受到温暖、欣慰。虽然这里是校园，但是在课间操和下课时间，小手拉大手、大手牵小手的情况时有出现。老师把同学们当作自己的孩子一样，悉心照顾、辛勤耕耘、全面培养；学生把学校当作家，把老师当作家人，有开心的事就会和老师一起分享，有问题就过来询问老师。在顶岗支教实习期间，生活在阳光小学这个大家庭，很开心、很快乐、很充实。

乡村少年宫是阳光小学的一个努力方向。学校不仅为学生开设了舞龙、舞狮、课本剧、故事汇、民间小调、无线电测向等 30 多个项目，而且也为老师们开设了硬笔书法、软笔书法、篮球、乒乓球等多种项目。对学生来说，开设这些项目是为了全面培养学生的综合素质、提高学生学习兴趣、增强学习能力；对老师来说，开设这些项目是为了缓解教学压力、提高综合能力。

阳光学校、阳光教师、阳光学生，阳光的影子无处不在，希望阳光小学在办学理念的指引下，积历史之厚蕴，宏图更展，再谱华章！

阳光下校长那远去的背影

秋天匆匆离去，冬天的脚步近了。天气越发寒冷，人们穿上了厚厚的衣服，路上的行人也少了，替代他们的是枯黄的树叶。大树好像没有了衣服似的，赤裸裸地站在马路两旁，有的小树经不起冬天的摧残，早在初冬的时候就夭折了。即使在这种天气下，仍然远远地能看到我们的盛校长、山校长、值周老师在校门口迎接每一位老师和每一位学生，也迎来学校全新的一天。

一声声甜蜜的问候、一张张可爱的笑脸、一幕幕紧张而又急促地奔跑入校的画面、一声声不厌其烦再三叮嘱的话语、一天天从7：10到7：50等待学生的画面，日复一日，年复一年。校长和值周老师们如寒风中的青松，屹立在校门口，不畏风雨、不畏寒冷，为孩子们默默付出，为高原教育事业默默付出，每每看到这感人的画面，内心深处想成为一名优秀教师的欲望愈加强烈。

如果把全校学生的未来比作疾驶的火车，那么盛校长、山校长就是铁轨下的枕木，为了使火车跑得更远，他们咬紧牙，任由铁轨往身体里扣，哼都不哼一声，他们是名副其实的工作狂。每天月落鸡啼而起，月升犬吠而卧。他们带着一颗永葆青春的心，拖着不知疲惫的身躯，迈着坚定执着的步伐不停地穿梭在教学楼、宿舍、餐厅、校门口之间，他们顾大"家"而舍小"家"，他们因为工作，年迈的父母在家没有尽孝，年纪小的孩子在外上学没能尽责，夫妻分居两地承受思念的煎熬。他们也想和其他人一样享受家的温馨、享受天伦之乐。但是为了信念、为了责任，他们坚守岗位，默默地守护着那一间陋室、一套餐具，简单过日子。

一直以来，我十分畏惧山校长。但经过多次交流和日常观察，由畏惧变成了敬畏，现在他成了我的偶像。学校的全体运动会前，校长组织我们体育教研室的老师开会，会议上山校长说的这一句话，让我记忆深刻："虽然，我们学校有一些身体残疾的学生，但这次运动会是学校的全体运动会，要体现'全'字，应该给每一个孩子运动的机会，所以我们要为残疾的孩子开设项目，保证让他们参加。"山校长平等地对待每一位学生，也平等地对待每一位老师。只要学校有活动，不管是在职老师还是代课老师，甚至是顶岗支教实习老师，对所有老师都一视同仁，对我们顶岗支教实习老师更多的是照顾和包容。非常感谢山校长，正是因为你的鼓励和支持，虽然我只是一个"小白"，但我从来没有自卑过，干每一件事都很自信。

记得有一次吃完午饭，走在回办公室的路上，看到平日不苟言笑的山校长牵着一个有智力问题的小孩的手，在阳光下说说笑笑。看着远去的背影，心里暖暖的，打心里想：如果将来我有孩子了，我一定会把我的孩子送到阳光小学，接受阳光教育，阳光成长。虽然在阳光小学仅生活了短短的 4 个月，但在这段时间我收获了非常多的知识、经验、快乐、情谊……

奋斗在一线的阳光教师

都说教师是个"清闲"的职业，还是"铁饭碗"，但是只有身在一线的教师才知道其中的酸甜苦辣。

曾在朋友圈看到一位老师发了这样一个动态，"我走娃未醒，我归娃已睡。为师已无憾，为父心有愧"，瞬时感慨万千。但真正的教师工作只会比这更复杂、更艰难，甚至更辛苦。老师们或许不奢求其他，只愿每天的辛劳学生都能懂。

阳光小学是半寄宿制学校，有的老师一周才能回一次家，把时间、精力、心血都花在学生身上。周五晚上拖着疲惫的双腿和思念已久的家人团聚。有次回家晚了些，听到一位老师和小儿子打电话："宝宝乖，不哭，爸爸周五晚上就回来了，给你买好吃的，好不好？"瞬间泪下，这就是教师。头上顶着人类灵魂工程师的光环，但操着学生父母亲的心，干着比保姆更累更苦的活，这就是老师，为孩子们默默付出的阳光老师。

阳光的孩子们

在阳光小学实习的这段时间。我多了许多称呼，如体育老师、石老师、田径老师、四年级的体育老师、熊猫老师等，有时候觉得这些稀奇古怪的称呼挺讨厌的，有时候听到也觉得很开心。阳光小学的孩子们散发着阳光的气息，天真、单纯、可爱、好奇是他们讨人喜欢的方面，我也很喜欢和孩子们一起打打闹闹，在这个过程中，孩子们喜欢问："老师，你家小孩多大了？老师，你家在哪里？老师，等放假了，我们可以去你们家玩吗？"这些可爱的孩子，让我再次回到了童年，让我快乐地实习了4个月。我相信，离别不是结束，而是美丽思念的开始。时间过得越快，思念就越深；思念越深，情谊就越浓。无数美好的瞬间，将永远铭刻在我的记忆之中……

致自己：欲穷千里目，更上一层楼

回顾实习生活，感触是深刻的，收获是丰硕的。在短暂的实习过程中，我深深地感觉到自己所学知识的肤浅和实践运用中知识的缺乏。刚开始的一段时间里，对一些项目无从下手，茫然不知所措，只能自己看视频或者向有经验的老师请教。在大学里总以为自己学到挺多，一旦接触到教育实践，才发现自己学到的是那么少，这时才真正领悟到学无止境的含义。

顶岗支教实习不像学生时代那样有课堂、有作业、有考试，而是一切要自己主动去学、去做。只要想学习，老教师们从不吝啬拿自己的经验来指导你的工作，让你少走弯路。在顶岗支教实习中，我学会了不怯场。记得刚开始走上讲台看到学生，我就很紧张，上完一节课就觉得特别累，但经过4个月的反复练习，上课不那么紧张，也不那么累了。到后来我上课过程中还时不时给学生们讲个笑话，时间过得挺快，也挺开心的。总之在这段时间，不管是我上课的状态还是上课的内容、形式等都得到了完善，得到了提升。

在即将离别的时刻，感谢阳光小学给我提供了这样一个学习成长的阳光平台，让我在教师这条道路上快乐地成长。在此，感谢我的指导教师和朝夕相处的同事们，感谢你们对我无私的帮助和指导，让我学到了很多知识和经验，让我在教师这条道路上茁壮成长。顶岗支教实习结束了，在这短短的4个月里锻炼了我的胆量，丰富了我的学习经验，也扎实了我的功底。在此过程中我有成功的喜悦，有失败的辛酸，经过不断学习和自我完善，我深深爱上了教师这个职业。接下来我将从师范技能、自我修养、学识等各方面严格要求自己、提升自己，争取早日成为一名优秀的人民教师。

顶岗支教实习学校：西宁市阳光小学

后　记

本书汇集了近几年顶岗支教实习生撰写的部分文章，并在此基础上进行整理修改。每篇文章，从开始收集资料到修改定稿，都历经多次打磨。

本书作为一本顶岗支教实习师范生的教育实记，记录了他们在各个实习学校的心路历程与所见所想，汇集了一个个温暖的故事，描述了青藏高原上的教育生活，展现了新时代师范生奉献高原教育的精神风貌。

希望本书的出版对广大读者有所启发。

本书在出版过程中，京师园教科院院长宋小平积极推进出版工作，从内容到细节亲自把关；青海师范大学教育学类的硕士研究生做了大量的文字整理工作，特此感谢。

鉴于时间仓促和资料缺失，本书可能还存在一些问题需要进一步的讨论和修正，欢迎大家对本书提出宝贵意见以助修改和完善。

包万平

2024 年 1 月